FACULTÉ DE DROIT DE TOULOUSE

DE L'ENVOI EN POSSESSION

ET DE LA VENTE EN MASSE DES BIENS DU DEBITEUR

EN DROIT ROMAIN

DU CONCORDAT

EN MATIÈRE DE FAILLITE

EN DROIT FRANÇAIS

THÈSE POUR LE DOCTORAT

SOUTENUE DEVANT LA FACULTE DE DROIT DE TOULOUSE

Le   juillet 1873

Par M. L.-P. CARRÈRE, Avocat,

Né a Toulouse (Haute-Garonne),

Lauréat de la Faculté de Droit (Concours de 1867, 1868, 1869), de la Faculté des Lettres (1867, 1868, 1869); des Facultés de Droit, concours général (1869)

TOULOUSE

Imprimerie Louis & Jean-Matthieu DOULADOURE

Rue Saint-Rome, 39

1873

DE L'ENVOI EN POSSESSION

ET DE LA VENTE EN MASSE DES BIENS DU DÉBITEUR

EN DROIT ROMAIN

~~~~~~

U CONCORDAT

EN MATIÈRE DE FAILLITE

EN DROIT FRANÇAIS

THÈSE POUR LE DOCTORAT

SOUTENUE DEVANT LA FACULTÉ DE DROIT DE TOULOUSE

Le   juillet 1873

Par M. L.-P. CARRÈRE, Avocat,

Né a Toulouse (Haute-Garonne),

Lauréat de la Faculté de Droit (Concours de 1867, 1868, 1869); de la Faculté des Lettres
(1867, 1868, 1869); des Facultés de Droit, concours general (1869).

TOULOUSE

IMPRIMERIE LOUIS & JEAN-MATTHIEU DOULADOURE
Rue Saint-Rome, 39

1873

Ⓒ

FACULTÉ DE DROIT DE TOULOUSE.

MM. Dufour ✳, doyen, *professeur de Droit commercial.*

Rodière ✳, *professeur de Procédure civile.*

Molinier ✳, *professeur de Droit criminel.*

Bressolles ✳, *professeur de Code civil.*

Massol ✳, *professeur de Droit romain.*

Ginoulhiac, *professeur de Droit français, étudié dans ses origines féodales et coutumières.*

Huc, *professeur de Code civil.*

Humbert, *professeur de Droit romain, en congé.*

Rozy, *professeur de Droit administratif.*

Poubelle, *professeur de Code civil, en congé.*

Bonfils, agrégé, *chargé de cours.*

Arnault, agrégé, *chargé du cours d'Économie politique.*

Deloume, agrégé, *charge de cours.*

Constans, agrégé.

Laurens, agrégé.

Paget, agrégé.

———

M. Darrenougué, Officier de l'Instruction publique, Secrétaire
Agent comptable.

Président de la thèse: M. Dufour, *doyen.*

Suffragants. {
MM. Molinier,
Bressolles,
Massol,
Laurens,
} *Professeurs.*

Agrégé.

———

La Faculté n'entend approuver ni désapprouver les opinions particulières du candidat.

A mes Professeurs de la Faculté de Droit de Toulouse,

HOMMAGE DE RECONNAISSANCE ET DE PROFOND RESPECT.

A mon Père. — A ma Mère.

A mes grands Parents.

DROIT ROMAIN

DE L'ENVOI EN POSSESSION

ET DE LA VENTE EN MASSE DES BIENS DU DÉBITEUR

L'envoi en possession et la vente en masse des biens du débiteur, institutions Prétoriennes, ont été assez tardivement introduites dans le Droit romain. Avant d'en aborder l'étude, il est à-propos d'exposer rapidement les voies d'exécution, peu à peu modifiées, affaiblies, et enfin disparues, qui les ont précédées et dont elles ont pris la place. Cette première étude nous permettra de rechercher et de constater l'origine de la *venditio bonorum*.

Tout législateur prend des mesures pour assurer l'exécution des conventions et des jugements, sans laquelle l'ordre public n'est pas possible. Pour y parvenir, deux sortes de moyens se présentent à lui : contrainte exercée sur la personne; saisie pratiquée sur ses biens.

Pendant près de six cents ans l'exécution sur les biens tient une place secondaire et effacée. L'exécution sur la personne est à peu près seule consacrée. — Quel est la raison de cet état de choses, absolument contraire à notre législation moderne? On a dit que le législateur l'avait établi comme le plus sévère, le plus propre à effrayer le débiteur, et par suite à assurer l'exécution des conventions et des jugements.

Je crois que le Droit romain, dans ses commencements, a subi l'influence que toute idée simple exerce sur une législation primitive. Or, l'exécution portant sur la personne et sur les biens à la fois et indistinctement, provient d'une idée simple ; celle portant sur les biens seulement, provient d'une idée abstraite, complexe, née de l'analyse des notions juridiques.

Ce n'est, en effet, qu'avec le 'progrès des spéculations philosophiques qu'on s'habitue à séparer les biens et la personne. A l'origine, le regard du législateur, pour ainsi parler, n'embrasse qu'une seule chose, un ensemble, la personnalité du débiteur, laquelle comprend tout ce qu'il est, tout ce qui lui appartient, son corps, ses biens..... Aussi, fait-on porter l'exécution sur cet ensemble. — Avançons et suivons la marche progressive du droit : Nous voyons le législateur arriver à considérer cette personnalité sous ses divers aspects et dans ses différentes parties ; il sépare alors la personne du débiteur et ses biens, et c'est à ce moment que naît la *bonorum venditio.* Mais remarquons que l'idée juridique d'où provient cette mesure, quoique moins simple qu'à l'origine, l'est pourtant davantage que dans le dernier état du droit. Le législateur, en effet, qui ne voyait d'abord qu'une personnalité, qu'un ensemble s'offrant tout entier aux mesures d'exécution, est bien arrivé à laisser de côté la personne et à ne plus s'attacher qu'aux biens ; mais il ne sait encore considérer ceux-ci que dans leur ensemble et comme universalité du patrimoine ; aussi la *venditio bonorum* embrasse-t-elle cette universalité.

Plus tard enfin et comme suprême progrès, l'idée juridique d'où provenait la *venditio bonorum* fut elle-même analysée, compliquée, et on arriva à la *bonorum distractio*. C'est par une même raison que le mandat général fut d'abord seul compris et admis, le mandat spécial ne s'introduisit dans le Droit romain que lorsque les notions juridiques eurent perdu leur généralité et leur simplicité primitives.

Ces observations sur la marche du Droit expliquent le caractère que nous offrent à l'origine les mesures d'exécution.

L'exécution sur les biens seuls se présente pourtant à nous dans quelques circonstances rares qui feront aussi l'objet de notre étude.

Mais nous remarquerons que dans presque tous ces cas, il n'y avait pas d'obligation contractée par l'exproprié, que sa personalité n'était donc pas engagée. Il n'y avait là que des mesures exceptionnelles, par lesquelles le fisc ou quelques autres privilégiés pouvaient s'approprier ce qu'ils jugeaient leur revenir et se faire justice eux-mêmes.

A.

Voies d'exécution sur la personne dans le premier état du Droit romain.

Elles pouvaient être pratiquées, soit en vertu d'un contrat appelé *Nexum*, soit en vertu d'un jugement. Dans le premier cas, le débiteur est appelé *Nexus*; dans le second, *Addictus*.

I. *Du Nexum*. — Le *Nexum* était un contrat fait dans une forme solennelle, *per æs et libram*, par lequel le débiteur s'engageait à fournir son travail au créancier s'il ne l'avait pas payé au terme convenu. En vertu de ce contrat, le créancier prenait possession du débiteur sans le concours du magistrat, et l'amenait dans sa propre maison, où il pouvait le soumettre aux travaux les plus rudes.

Le débiteur, appelé *Nexus*, est défini par Varron (de lingua latina vii, § 105) *liber qui suas operas in servitutem pro pecunia quam debet, dat, dum solveret.*

Le *Nexus*, esclave de fait, n'en avait pas moins la situation juridique d'homme libre dans sa cité, et il peut même servir dans les armées Romaines. — Telle est l'opinion de M. Savigny et de M. Giraud. — Zimmerm (1 § 45) et Bonjean (§ 121) soutiennent au contraire que le *Nexus* tombe sous le *mancipium* du créancier; qu'il subit une *capitis deminutio;* qu'il est *quasi-servus*, et qu'après sa libération, il est *quasi-libertus.* — On peut réfuter cette assertion par le passage de Varron précité, où il est dit que le *Nexus* est *in servitute;* or, *in servitute esse* signifie être esclave de' fait et non de droit. On ne peut dire que le *Nexus* est *in mancipio*, car les textes n'indiquent que deux cas de *mancipium* : celui où un fils est mancipé par son père, et le cas de *coemptio* d'une femme *in manu.* Enfin le passage suivant de Gaius indique que le *Nexus* n'était pas traité comme un esclave et qu'il était considéré comme conservant la dignité d'un homme libre : *admonendi sumus, adversus eos quos in mancipio habemus, nihil nobis contumelio se facere licere.*

**II. Des voies d'exécution exercees en vertu d'un juge-
ment.** — Après le jugement de condamnation, le créancier
devait laisser passer un délai de trente jours appélés *dies
justi*. Puis il procédait à la *manus injectio*, décrite par
Gaius, au Comm. IV, § 21. Le créancier conduisait le débiteur devant le magistrat, et là, posant la main sur lui, il
lui disait : « *Quod tu mihi judicatus sive damnatus es sestertium decem millia, quæ dolo malo non solvisti ob eam rem
ego tibi sestertium decem millium judicati manus injicio.* »
·Si le débiteur ne trouvait pas à ce moment un *vindex* pour
prendre sa cause, il était *addictus* et devenait esclave de
fait du créancier. Alors commençait un nouveau délai de
soixante jours pendant lequel le débiteur était conduit sur
le Forum, à trois marchés consécutifs, de neuf en neuf
jours, afin d'y chercher un ami généreux qui payât sa
dette ou la cautionnât. Tite-Live rapporte que Manlius
Capitolinus, afin de s'attirer la faveur du peuple, paya en
un seul jour les dettes de quatre cents *addicti* conduits sur
le Forum. Si, à l'expiration du délai, personne n'avait
libéré le débiteur et s'il n'avait pas transigé avec le créancier, il était adjugé à celui-ci par le magistrat; il subissait
une *maxima capitis deminutio* et pouvait être vendu, mais
seulement au-delà du Tibre, sans doute afin que le spec-
tacle de cette dureté n'excitât pas la foule Romaine déjà
assez animée. Si les créanciers sont nombreux, la loi des
douze tables (t. III, c. 5), allait jusqu'à leur permettre de
partager entre eux les lambeaux du corps du débiteur
déchiré. Elle allait même jusqu'à dire que peu importait
l'égalité des morceaux : *Tertiis nundinis partes secanto : Si
plus minusve secuerint ne fraude esto.*

On s'est refusé à voir dans ce texte l'inconcevable barbarie que nous venons d'énoncer; on l'a expliqué comme se rapportant aux biens et non à la personne du débiteur. Cette explication semble corroborée par l'expression de *bonorum sectio*, désignant une mesure d'exécution du Droit civil, que nous étudierons ci-dessous. Elle est soutenue par Montesquieu (*Esprit des lois*, l. 29, ch. ii). Mais elle n'est pas admissible en présence des assertions d'Aulu-Gelle, de Dion Cassius, de Quintilien, de Tertullien. Le premier de ces auteurs, dans ses Nuits Attiques, 20, 1, s'exprime ainsi : *Dissectum esse antiquitus neminem neque legi, neque audivi, quia sævitia ista pœnæ contemni non quita est.*

La dureté extrême de ces lois antiques fut adoucie au ve siècle de Rome par la loi Pætilia : il ne fut plus permis d'engager ses *operæ* pour l'avenir dans le cas de non paiement. Les effets du *Nexum* sur la personne sont donc abolis. L'*addictio* subsiste ; mais il est défendu au créancier de couvrir l'*addictus* de chaînes pendant les soixante jours où son sort est encore incertain.

B.

Voies d'exécution sur les biens du débiteur dans le premier état du Droit Romain.

I. UNE DES PLUS ANCIENNES VOIES D'EXECUTION EST LA *PIGNORIS CAPIO.* — Bien qu'elle soit en vigueur du temps des actions de la loi, elle n'en offre point les caractères : elle pouvait avoir lieu les jours néfastes et hors la présence du magistrat. Le créancier prenait un objet appartenant au débiteur, en prononçant des paroles consacrées. — La *pignoris capio* s'exerçait en vertu de textes de loi ou en vertu de la coutume (Gaius, *Comm.* IV, § 26 à 28) :

1° *En vertu de la loi* : — La *pignoris capio* était accordée pour le paiement du prix d'une victime achetée pour un sacrifice, et pour le paiement du prix de location d'une bête de somme que le propriétaire a louée afin d'employer ce prix aux frais d'un sacrifice. Ces deux cas sont consacrés par la loi des XII tables. — Une loi dont le nom est illisible dans le manuscrit de Gaius et qu'on pense être la loi *Censoria*, accordait encore la *pignoris capio* aux publicains pour le recouvrement des impôts.

2° *En vertu de la coutume* : — La *pignoris capio* était accordée aux soldats pour se faire payer leur solde (*œs militare*), pour se faire donner l'argent nécessaire aux achats de chevaux et de fourrage (*œs equestre*, *œs hordearium*). Suivant Aulu Gelle (*Nuits attiques*, VII, 10), l'*œs militare* était payé par le tribun du trésor ; l'*œs equestre* et l'*œs hordearium* par les *viduœ* et les *orbi*. Les *viduœ* étaient les femmes non mariées. Les *orbi*, selon Bonjean, étaient les célibataires.

On voit que la *pignoris capio* se rattachait exclusivement au droit public et religieux. Mode d'exécution sur des objets particuliers, elle apparaît comme une exception au droit de ce temps qui ne consacrait d'exécution que sur l'ensemble du patrimoine.

II. A COTE DE LA *PIGNORIS CAPIO* EXISTAIT ANCIENNEMENT LA *SECTIO BONORUM*. — C'était un mode d'exécution établi en faveur du fisc sur le patrimoine d'un condamné, quand la peine entraînait la *publicatio*, c'est-à-dire la confiscation générale des biens. Les questeurs du trésor étaient alors envoyés en possession des biens du condamné et procédaient à la vente en masse *sub astâ*, sous la lance, symbole de la propriété Romaine. — Cette *bonorum sectio* n'avait lieu que dans deux hypothèses ; celle où une peine entraînant la confiscation générale avait été prononcée, et celle où un citoyen, condamné à payer une somme au trésor public, se refusait à l'acquitter (Cicéron, *pro Roscio Amerino*, 43). — La vente était faite aux enchères par le ministère d'un crieur public. Le plus fort enchérisseur succédait à celui dont le patrimoine était ainsi vendu ; il était mis au lieu et place d'un héritier, avec le *dominium ex jure quiritium*. (Varron, *de re rustica*, ch. II, n° 10). Cet adjudicataire se nommait *bonorum sector*, du mot *secare* exprimant l'opération par laquelle il divisait ensuite le patrimoine pour le revendre au détail. Il avait un interdit appelé *sectorium* pour se faire mettre en possession des biens compris dans la vente. (Gaius, *Comm.* IV, § 146). — Tite-Live rapporte un fait saillant de *bonorum sectio* qui eut lieu en l'an 565 de Rome : Les biens de Lucius Scipion l'Asiatique, accusé de péculat furent ainsi vendus sur le Forum. (Tite-Live, l. 30, c. 60). Cicéron montre les biens du grand Pompée vendus de la même manière devant le Temple de Jupiter Stator (Cicéron, Philip., 2, 26).

De tous les caractères de la *bonorum sectio* qui viennent d'être indiqués, le plus remarquable est la transmission de l'ensemble des droits de l'exproprié à un acheteur qui devient héritier, mais héritier concordataire. Il achetait moyennant un prix certain, et il se produisait en sa faveur une *successio per universitatem*. C'est ce caractère de la *bonorum sectio* qui la dénonce comme l'origine de la *venditio bonorum*.

III. On a longuement discuté la question de savoir si, en dehors des deux cas précédents, l'exécution pouvait porter sur les biens du débiteur seulement, et non sur sa personne. Les textes sont muets sur ce point, et les partisans de la négative se sont prévalus de ce silence. Il y a lieu de croire pourtant que l'exécution sur les biens seuls était possible et pratiquée quelques fois. Les arguments sur lesquels peut s'appuyer cette thèse sont loin cependant d'être péremptoires. La faiblesse de la thèse contraire leur donne seule quelque valeur. Il est certain que les sénateurs qui n'obtempéraient pas aux convocations, étaient condamnés à une amende, recouvrable, en cas de non paiement, au moyen d'une saisie sur leurs biens. Ce fait établit que l'exécution sur les biens seuls n'était donc pas incompatible avec la législation de ce temps. A l'appui de la même thèse, un passage de Plaute, expression assurément fidèle des mœurs et coutumes romaines, représente un esclave suggérant à son maître un moyen pour arriver à la possession d'une jeune fille qu'on croit appartenir comme esclave à un nommé Lycus; il l'engage à faire condamner Lycus, et il ajoute, pour indiquer l'effet de cette condamnation :

.... Ubi in jus venerit,
Addicet Prætor familiam totam tibi.

(Plaute, *Pœnulus*, v, 186)

Tite-Live nous montre des chefs, comme Valerius le dic-
tateur et Servius, qui, pour engager les citoyens à quitter
Rome et à marcher contre l'ennemi, leur disent que pendant leur absence l'exécution sur les biens sera suspendue.
On faisait donc la distinction entre celle qui atteint les
biens et celle qui porte sur la personne.

On se demande en sens inverse si l'exécution pouvait
frapper la personne sans atteindre les biens. Le texte de
la loi des xii table semble le faire croire, puisqu'il dit, en
parlant de l'*addictus* : « *Si volet, suo vivito.* » Mais ces
mots ne me semblent viser l'*addictus* que pendant les
soixante jours qui s'écoulent entre l'*addictio* et la *vente de
l'addictus*. Pendant ce temps, son sort n'est pas encore
désespéré, puisqu'il peut transiger ou trouver un ami qui
paie pour lui ; il est donc naturel que ses biens lui soient
laissés. Sans doute les textes ne parlent pas des biens,
mais l'exécution qui les laisseraient de côté et ne frappe-
rait que la personne ne se comprendrait guère. — Dans le
cas de *Nexum*, la question n'est pas douteuse, puisque la
loi Pætilia, précitée, le laisse subsister tout en abolissant
la contrainte corporelle. Cette loi portait : « Pecuniæ cre-
« ditæ bona debitoris, non corpus obnoxium esse. » Si le
Nexum n'avait eu d'autre effet que la contrainte corporelle,
l'abolition de cette dernière eut aboli le *Nexum* lui-même.
Il y a donc lieu de reconnaître qu'il devait avoir un double
effet, et il faut traduire les termes de la loi Pætilia de la
manière suivante : « Les biens du débiteur seuls désormais, et non plus aussi son corps, répondront de sa
dette. »

C.

Origine de la *venditio bonorum.*

Les anciennes rigueurs des créanciers contre les débiteurs insolvables devenaient de plus en plus impossibles par suite de l'adoucissement des mœurs. Elles étaient déjà très-affaiblies au moment où la *venditio bonorum* fut introduite par le Préteur. Le créancier ne pouvait plus qu'obtenir du magistrat l'autorisation d'amener chez lui son débiteur afin de l'y obliger à un travail équivalent au paiement de sa créance. Il ne pouvait plus le mettre à mort ou le vendre comme esclave.

C'est au Préteur Publius Rutilius qu'est due l'introduction de la *venditio bonorum* : « Prætore Publio Rutilio, » qui et bonorem vinditionem introduxisse dicitur. » (G., c. 4, § 35). Les uns la placent en l'an 649 de Rome ; les autres en 586. Si ce Préteur Publius Rutilius est le même que Cicéron désigne sous le nom de Rufus (Cicéron, *pro Plancio* 21. — *De oratore* i, 53 ; ii, 60. — Brutus 22, 30), et qui fut nommé consul en 649, on peut regarder cette date comme celle de la *venditio bonorum* ; mais il n'est pas prouvé que Rufus ait été Préteur. On a cru encore qu'il s'agissait de Publius Rutilius Calvus, dont parle Tite-Live (xlv, 44), Préteur en 586. Cette procédnre ; quelle que soit l'incertitude de sa date, a sûrement été établie avant l'an 672 de Rome, puisque le discours

2

pro Quintio de Cicéron . prononcé cette année, porte sur une question des *bonorum vendltio.*

Le Préteur emprunte à la fois à la *bonorum sectio* et à la *manus injectio.* Comme dans la première, l'acquéreur succède à l'ensemble du patrimoine, avec cette différence qu'il n'acquiert que le *dominium in bonis,* seul droit que les institutions prétoriennes puissent concéder. Comme dans la seconde , le débiteur a trente jours pour se libérer, après la condamnation ; et après la première partie de l'exécution, c'est-à-dire après l'envoi en possession, il en a soixante pour transiger avec ses créanciers ou pour trouver un bienfaiteur qui le libère. Dans l'un et l'autre cas , après *l'adjudicatio* et après la *missis in possessionem*, les délais sont donc les mêmes. Ajoutons en outre , que la publicité donnée à ces faits est la même.

Un éminent professeur qu'on ne peut citer sans rendre hommage à sa mémoire, Ortolan, admire avec grand'-raison l'habileté du Préteur, qui par sa fidélité aux traditions , semblait ne rien troubler dans la législation, et qui cependant y changeait le point le plus essentiel : au lieu de porter sur la personne, l'exécution devait porter doré-navant sur les biens. (Ortolan, *Inst.*, l. 4, t. 6.)

Nous voyons pourtant les prisons privées subsister après l'introduction de la *vendltio bonorum.* Un fragment d'Ul-pien au Dig. (l. 23, 4, 6) porte : « Fieri poterat ut quis » in vinculis præsens esset, vel in publica, vel in privata, » vincula ductus. » Il est à croire que ces emprisonnements n'étaient plus qu'un effet de la contrainte par corps proprement dite, c'est-à-dire de la coaction exercée sur le débiteur pour le déterminer au paiement, et non de l'exécution sur la personne même.

Une constitution de Zénon, au Code Justinien (C. un. C. l. 9, t. 5), abolit les prisons privées, pour l'empire d'Orient.

La procédure de la *venditio bonorum* se divise en deux phases : l'envoi en possession et la vente. Cette division sera aussi celle de ce travail.

Première Partie.

De l'envoi en possession.

Le Droit romain accorde l'envoi en possession dans plusieurs circonstances où il s'agit de conserver le bénéfice éventuel d'un droit. C'est ainsi qu'il l'accordait aux légataires sous condition ou à terme sur les biens de l'héritier, si celui-ci refusait de leur donner caution ; à l'impubère appelé à la possession des biens héréditaires en vertu de l'édit Carbonien, quand sa qualité était contestée et qu'il fallait attendre sa puberté pour vider le procès ; à l'héritier conçu, mais non encore né ; dans ce dernier cas l'envoi en possession est dit *ventris nomine*. On l'accordait encore au voisin d'une maison qui menaçait de crouler, quand son propriétaire ne voulait pas donner à ce voisin menacé la caution *damni infecti*. On l'accordait enfin aux créanciers qui avaient à poursuivre l'exécution d'une obligation ; elle était dite alors *rei servandœ causa* (l. 1 , Dig. *Quibus ex causis* 42 , 4.) C'est de cette dernière seulement que nous avons à nous occuper.

Cette partie de notre travail comprendra l'étude des matières suivantes :

1° Cas dans lesquels peut avoir lieu l'envoi en possession ;

2° Sur quels biens porte cette mesure d'exécution ;

3° Par qui peut-elle être demandée et pratiquée ;

4° Quelle procédure lui est assignée ;

5° Quels en sont les effets;

6° Quels sont ses modes d'extinction.

CHAPITRE PREMIER

Cas dans lesquels peut avoir lieu l'envoi en possession.

Ces cas peuvent être ramenés à deux categories : l'une comprend ceux où il s'agit de faire exécuter une créance judiciairement constatée, soit qu'elle l'ait été au moyen d'une sentence, soit au moyen d'une *confessio in jure*. L'autre comprend les cas où le débiteur n'est pas défendu, ou ne l'est pas suffisamment. Cette division ressort de l'ensemble des textes qui visent les cas d'envoi en posession. (Cicéron , *pro Quintio* , § 19. — Gaïus III , §§ 78, 84 — *Instit.*, l. III , t. x , § 3. — Paul, *Sent.* l. v, t. v B. § 1. — Dig. l. VIII et IX , § 1 , *quibus ex causis*, 42, 4. — Dig. l. 31 , § 3 , *de rebus auct. judiciv pusid* 41 , 5).

§ I. **Le débiteur a été condamné ou a avoué sa dette devant le magistrat.**

Le créancier peut alors se faire envoyer en possession des biens du débiteur, pourvu toutefois que le délai légal soit expiré. La loi des xii tables, en effet, accordait trente jours au débiteur pour se libérer après la condamnation, et elle ne permettait pas l'exécution avant l'expiration de ce délai: « æris confessi rebusque jure judicatis, trigenta » dies justi sunto. » — Justinien, comme l'indique sa Const. 3, § 1, au Code *de usuris rei judicatæ* 7, 54, porte ce délai à quatre mois. Il était susceptible d'augmentation au gré du magistrat ou du *judex*. (l. 2, Dig. *de rè judic.* 42, 1. — l. 4, § 5, Dig. *eod.*) — L'empereur pouvait également accorder des délais de grâce retardant l'envoi en possession (C. 4, Code, *de prec. imperat. off.*).

On se demande si ces délais pouvaient être indéfiniment prolongés et quelle était leur limite extrême? Cette limite me paraît être de deux mois, d'après les textes suivants: la loi 1 au code Théod., de l'année 380, rendue par les empereurs Gratien, Valentinien et Théodose, porte: « Exceptis duobus mensibus quibus per legis solu- » tionem nonnunquam est concessa dilatio. » La constitution 3, au Code Just. *de usuris rei judicatæ*, 7, 54, porte: « Antiquitas... reis quidem condemnatis laxamentum » duorum mensium præstabat. » Suivant Godefroy, ces deux textes signifieraient seulement que le délai de trente jours, de la loi des xii tables, aurait été porté à deux mois par une constitution qu'il attribue à Constantin. Ces deux mois auraient donc été le *minimum* du délai , dont le *maximum* ne serait pas fixé. — Mais l'existence de cette constitution est entièrement hypothétique , et l'expression *nonnunquam* de la loi de Gratien, Valentinien et Théodose , indique que le délai de deux mois n'était pas général, comme le serait un délai légal. Cette opinion a d'ailleurs le grave défaut de n'assigner aucune limite à ce délai de grâce ; or. on ne peut admettre que le magistrat ait jamais eu le pouvoir de retarder indéfiniment l'exécution.

La fidéjussion et le *Mandatum pecuniæ credendæ* présentent une exception à la règle d'après laquelle le créancier ne peut se faire envoyer en possession avant l'expiration d'un certain délai. Dans ces deux cas le créancier pouvait agir immédiatement contre le fidéjusseur et contre le *mandator pecuniæ credendæ* (C. 3 , § 1 , Code *de usuris rei judic.*, 7, 54); et par suite , ceux-ci pouvant recourir immédiatement contre le débiteur principal et contre le mandant, ces derniers se trouvaient eux-mêmes privés du délai d'attente. Justinien a rémédié au vice de cette législation et a déclaré que le délai serait applicable dans tous les cas. (C. 3 , § 1 , Code *de usuris rei judic.*, 7, 54).

Le délai susceptible d'augmentation, était-il aussi susceptible de diminution? Il pouvait être restreint par le magistrat, seulement dans quelques cas très-rares (l. 2 , Dig. *de re jud.*, 42, 1): le *judex* n'avait pas le même pouvoir (l. 4 , § 5 , *eod.*).

La *confessio in jure* produit les mêmes effets que la

condemnatio. Il convient de rappeler ici la maxime : « Con-
» fessus in jure pro judicato habetur. » (L. 6, § 6, Dig.,
de confessis, 42, 2 ; — Paul, *Sent.* V., t. 5, A, § 2).

§ II. Cession de biens.

Parmi les cas d'envoi en possession à la suite de *condemnatio* ou de *confessio in jure*, il faut placer celui de *bonorum
cessio*. Le bénéfice de cession de biens est le droit accordé
au débiteur de faire abandon de tous ses biens à ses créanciers, après *condamnatio* ou *confessio in jure*, afin d'éviter
la contrainte par corps qui en serait la suite.

On s'est demandé quels étaient les antécédents qui
l'avaient fait introduire. Quelques auteurs les ont vus dans
le *juramentum bonæ copiæ* imposé aux *Nexi* affranchis par
la loi Pætilia. M. Giraud (des *Nexi*, p. 119), croit que
ce *juramentum* était la promesse faite par le débiteur
Nexus de mettre toute sa fortune à la disposition de son
créancier. S'il en est ainsi, le *juramentum bonæ copiæ*
offrirait quelque analogie avec la *bonorum cessio*. Mais
d'autres auteurs l'interprètent comme une affirmation par
le débiteur qu'il n'a pas de bien cachés, qu'il n'a pas de
quoi payer ses créanciers. D'autres enfin y voient une affirmation qu'il a de quoi les payer et qu'il les désintéressera.
Le *juramentum bonæ copiæ* fut plus tard très-étendu, et
on le trouve dans bien des cas. Comme la *cessio bonorum*,
il ne laissait pas intacte l'*existimatio* du débiteur. C'est ce
qu'indiquent les Tables d'Héraclée qui excluent des fonctions municipales celui qui a prêté le *juramentum bonæ
copiæ*.

La cession de biens fut introduite par la loi Julia, sous César ou sous Auguste. Cette loi fait probablement partie des lois *Juliæ judiciariæ* de l'an 729, ou 708. Elle établissait le bénéfice de cession de biens pour les citoyens romains seulement. Par suite de la constitution de Caracalla, tous les habitants des provinces purent en profiter.

La cession de biens étaient soumise à des formalités qui finirent peu à peu par disparaître. A l'origine, elle devait être accomplie avec des rites symboliques et accompagnée d'une déclaration faite *in jure* par le débiteur. Théodose abolit les rites symboliques, mais laissa subsister la déclaration *in jure* (c. 6, Code, *qui bonis cedere poss.*, 7, 71), Justinien, affranchit la *cessio bonorum* de toute espèce de formalités ; la déclaration elle-même put être faite de toute manière (l. 9, Dig. *de cessione bonor.*, 42, 3).

Après ces conditions de forme, il faut mentionner aussi quelques conditions de fond :

1° Pour que la cession de biens soit possible, il faut que le débiteur ait des biens à céder. Le fils de famille qui n'a pas de patrimoine propre, peut céder les biens qui composent son pécule. Justinien l'a autorisé même à céder ses biens à venir, de telle sorte que, dans cette hypothèse, nous trouvons une cession, qui, pour le présent au moins, n'a pour objet aucun bien (c. 7. C. *qui bonis cedere poss.*, 7, 71).

2° Une autre condition exigée est l'existence d'une *condemnatio* ou d'une *confessio in jure* antérieure. Après ces faits judiciaires seulement, la contrainte par corps était possible. La cession de biens a pour but de l'éviter, et c'est pourquoi elle est alors permise — Sous Justinien, on peut faire cession après tout aveu de la dette ; et comme la cession était elle-même un aveu, il s'ensuit qu'on pouvait la faire en tout temps (l. 8, Dig. *de cess. bonorum*, 42, 3).

3° La bonne foi et l'absence de fautes sont-elles encore des conditions exigées de la part du débiteur ? — Plusieurs interprètes soutiennent que le débiteur malheureux et de bonne foi est seul admis au bénéfice de cession de biens Ils s'appuient sur cette considération que la contrainte par corps subsiste conjointement à la cession, et qu'on ne comprendrait guère son existence si tout débiteur pouvait y échapper en cédant ses biens. Un passage d'Aulu-Gelle indique, en effet, que la cession ne fit pas disparaître la contrainte par corps : cet auteur fait dire au jurisconsulte Sextus Cecilius: « Addici nunc et vinciri multos videmus. » La loi 25, § 7, Dig. *quæ in fraudem credit.*, 42, 8, prouve également que la contrainte par corps survécut à la cession : ce texte déclare que l'action Paulienne est accordée contre le *defraudator* dont les biens ont été une première fois vendus et qui a ensuite dissipé ceux qu'il avait acquis depuis. Or, pourquoi l'action Paulienne serait-elle accordée dans ce cas, si ce n'était pour arriver à la contrainte par corps ?— On invoque à l'appui de la même thèse un passage de Sénèque où il est dit que les mœurs du temps faisaient une grande différence entre le débiteur malheureux et de bonne foi, et le *defraudator*: « Iniquissimum esse eodem loco » haberi eum qui pecuniam a creditoribus acceperat, libi- » dine aut aleâ assumpsit, et eum qui incendio aut latroci- » nio, aut aliquo casu tristiore aliena cum suis perdiderit. » (Sénèque, *de Beneficiis* 1, 116).—Une loi de Gratien, Valentinien et Théodose (l. 1 au Cod. Théod. *Qui ex lege*

Julia lon ces. 4, 20), s'exprime dans le même sens :
« Ne quis omnino vel fisci debitor vel alienæ rei in auro
» atque in argento diversisque mobilibus retentator ac debi-
» tor bonorum faciens cessionem, liberum a repetitione ple-
» nissima nomen effugiat; sed ad redhibitionem debitæ
» quantitatis congruá atque dignissima suppliciorum acer-
» bitate cogatur : nisi forte propriorum dilapidationem
» bonorum aut latrociniis abrogatam aut fortasse naufra-
» giis incendioque conflatam vel quolibet majoris impetûs
» infortunio atque dispendio docuerit afflictam. »

Les partisans de l'opinion contraire font remarquer que
la contrainte personnelle se comprend même après l'introduction de la *bonorum cessio*; elle peut être nécessaire, en
effet, pour vaincre la résistance du débiteur et lui faire
livrer des biens qu'il cache. C'est le cas de la loi 1, l. 4,
t. xx, au Code Th. précitée. — Le passage de Sénèque ne
vise la situation du débiteur qu'au point de vue moral et
de la science du devoir, ainsi que le prouve le sens du paragraphe. — Mais ces textes n'établissent en rien qu'un
débiteur ne pourra faire cession de bien parce qu'il doit
son insolvabilité à ses fautes, ou parce qu'il a accompli des
actes de mauvaise foi. — Dans la Nov. 135, Justinien fait
une distinction entre les débiteurs malheureux et ceux qui
sont coupables; mais il ne refuse pas aux seconds le bénéfice de cession de biens, et aucun texte ne les en exclue.
Leur exclusion est donc purement hypothétique.

La cession de biens produit des effets à l'égard du débiteur et à l'égard des créanciers :

1º A l'égard du débiteur, — nous avons déjà dit qu'elle
le libérait de la contrainte par corps. Elle lui évite l'infamie

qui résulte de la *venditio bonorum*. Elle ne le libère que jusqu'à concurrence de la somme qui sera payée à ses créanciers Elle lui procure le bénéfice de compétence dans le cas où il serait attaqué par eux après avoir acquis de nouveaux biens.

2º A l'égard des créanciers, — elle ne les dispense pas de demander l'envoi en possession (Gaius, Inst. c. III, § 78). Elle leur laisse le choix entre deux partis : accepter la cession, ou accorder au débiteur un délai de cinq ans, afin qu'il puisse tâcher de se libérer (c. 8, C. *Quis bonis cedere possunt*, 7, 71). La décision est prise par les créanciers à la majorité en somme. On a donc égard à la valeur seule des créances , et l'opinion des créanciers porteurs des plus fortes, prévaut sur les autres. C'est seulement dans le cas de partage qu'on a égard au nombre des créanciers. S'il y a partage tant dans la valeur des créances que dans le nombre des créanciers, c'est la concession du délai de cinq ans qui prévaut. La l. 8 , Dig. *de Pact.*, 2, 14, est applicable dans ce cas.

§ III. **Le débiteur n'est pas défendu en justice, ou ne l'est pas suffisamment.**

Ce cas où le débiteur est dit *indefensus*, peut résulter : 1º de son absence ; 2º de son mauvais vouloir ou de son incapacité pour se défendre ; 3º de sa *capitis diminutio* ; 4º du défaut de représentation.

Etudions successivement chacune de ces quatre hypothèses :

I. Absence du débiteur. — Elle conduit toujours à l'envoi en possession, sauf dans un seul cas que nous indiquerons ci-dessous, où le créancier pourra opter pour une action *ex stipulatu*. C'est ce que nous allons justifier en considérant ses effets suivant les divers moments où elle peut se produire :

Elle peut se produire soit après, soit avant la *litis contestatio*. Dans le premier cas, le magistrat appellera le *reus* par trois édits consécutifs, à dix jours d'intervalle, après lesquels la sentence sera rendue comme si le défendeur était présent (l. l. 68, 69, 70, 71, Dig. *De judiciis* 5, 1. — Paul. *Sent.* v, 5 a, § 7). Quelquefois même un seul édit suffit (72 Dig. *De judiciis*, 5, 1). Dans le second cas, c'est-à-dire si l'absence se produit avant la *litis contestatio*, il faut distinguer si elle a lieu après ou avant la *in jus vocatio* et le *vadimonium* :

Si elle a lieu après, le demandeur pourra recourir par l'action *ex stipulatu* contre le fidéjusseur fourni par le défendeur lors de la *in jus vocatio* pour garantir sa recomparution (Gaius iv, 184-186). Ce fidéjusseur a remplacé le *vindex* des actions de la loi; sa garantie permettait au défendeur de ne pas recevoir immédiatement la formule et lui laissait ainsi le temps de consulter et de réfléchir sur le parti qu'il avait à prendre et de rechercher ses moyens. Cette caution, garantissant la recomparution, était également fournie à la fin du jour, quand l'heure tardive obligeait à remettre au lendemain la délivrance de la formule. — A côté de l'action *ex stipulatu* dont nous venons de parler, l'envoi en possession est également offerte à l'option du demandeur : « In bona ejus, qui judicio sistendi causa

» fidejussorem dedit , si neque potestatem sui faciat
» neque defendatur, iri jubebo » (2 pr. Dig. *Quibus
ex causis* 42 , 4). — Si l'absence du débiteur se produit avant la *in jus vocatio*, le créancier n'a à sa disposition qu'une seule mesure, l'envoi en possession. Le
Préteur ne le déclare pas formellement, mais cela ressort
de l'analyse des textes. Tous, en effet, visent deux cas
distincts : ou le débiteur *latitat*, c'est-à-dire se cache dans
une intention frauduleuse, ou simplement *absens non defenditur* (2, § 2, Dig. *Quibus ex causis*, 42 , 4). Dans le
premier cas, l'envoi en possession est toujours accordé
(7, § 1, Dig. *Quibus ex causis*, 42, 4); il l'est également
dans le second, mais en termes plus généraux et moins
précis (21, § 2, Dig. *Ex quibus causis majores*, 4, 6. —
7, § 17, Dig. *Quibus ex causis*, 42, 4).

Ni l'exil temporaire du débiteur (13 Dig. *Quibus ex
causis*, 42, 4. — Cicéron. *Pro Quinctio*, § 19), ni sa captivité (6, § 2, Dig. *Quibus ex causis*), ni son absence
pour le service de la République (c. 4, C. *De restit. mil.*, 2,
51) ne le sauverait de l'envoi en possession. Ces circonstances ne sont pas des motifs d'exception. Mais l'envoi en
possession ne serait pas accordé si l'absence ne causait
aucun préjudice au demandeur. C'est ce qui arrivera quand
la prétention de celui-ci ne sera pas fondée : « Defendi
» videtur qui per absentiam suam in nullo deteriorem cau-
» sam adversarii fecerit » (7, § 14, Dig. *Quibus ex causis*,
42, 4).

On voit, d'après ce qui précède, que le *défaut faute de
comparaître* n'était pas possible en Droit romain. La présence du défendeur était indispensable pour organiser

l'instance. Mais l'instance, une fois organisée devant lui par la *litis contestatio*, se poursuivait en son absence. — Cette règle n'est plus appliquée sous Justinien : Quand il y a *contumacia* de la part du débiteur, il devient loisible au demandeur de poursuivre un jugement par défaut, quel que soit le moment où l'absence se produise (Nov. 69, chap. 2 et 3). Il peut aussi réclamer et obtenir l'envoi en possession, s'il le préfère. — S'il n'y a point *contumacia*, l'envoi en possession reste seul possible.

II. Mauvais vouloir ou incapacité du débiteur pour se défendre. — Le mauvais vouloir du débiteur pour donner la *sponsio* le fait assimiler au *damnatus* et le rend passible de l'envoi en possession (52, Dig. *De regulis juris*, 50, 17). La *sponsio* était un pari fait *in jure* consistant dans la promesse de payer une somme déterminée, dans le cas de perte du procès. — Cette règle n'est plus applicable si le défendeur, habitant d'une province, a été appelé devant le magistrat pendant un séjour momentané à Rome. Le créancier ne peut profiter de cette présence passagère et il doit demander la *missio in bona* dans la province du débiteur (2, §§ 3-5. Dig. *De jud.*, 5, 1. — 13, Dig. *Quibus ex causis*, 42, 4).

Il y a incapacité du débiteur pour se défendre dans les cas de tutelle et de curatelle. L'impubère ne peut se défendre lui-même; s'il ne l'est pas par son tuteur ou par un tiers, le Préteur appelle à cet office d'abord le tuteur, puis les parents, puis les alliés, enfin toute personne ayant avec l'impubère un lien quelconque. Si personne ne répond à cet appel l'envoi en possession est ordonné (10, **Dig.**

Quibus ex causis, 42, 4). On comprend qu'il en soit ainsi quand la dette est née en la personne du pupille, ce qui a lieu lorsqu'il s'est obligé, dûment autorisé par le tuteur, ou lorsqu'un de ses esclaves a contracté une obligation de laquelle résulte une action *de peculio* (3, § 1. Dig. *Quibus ex causis*). Mais quand il n'est tenu que parce qu'il a fait adition à l'hérédité d'une personne obligée, l'envoi en possession de son propre patrimoine est une mesure peut-être trop rigoureuse, d'autant plus que les créanciers héréditaires, s'ils veulent faire vendre ce patrimoine au lieu de s'en tenir à celui du *de cujus*, doivent attendre la puberté. La l. 3, § 3, Dig. *Quibus ex causis*, 42, 4, qui accorde aux légataires l'envoi en possession du patrimoine du pupille, justifie ainsi cette mesure : « Et enim videtur impu- » bes contrahere, qui adiit hereditatem. »

Les personnes en curatelle, pas plus que l'impubère, ne sont *sui idonei defensores*. Quand elles ne sont pas défen·dues par leur curateur, le magistrat en nomme un chargé de leur défense. Si toutefois la cause requiert célérité, le magistrat ordonne tout d'abord l'envoi en possession. La loi 7, § 10. Dig. *Quibus ex causis*, 42, 4, dit relativement au fou : « Plane, si non defendatur furiosus, curatorem » ei dandum, aut bona ejus, ut possidcantur, nominatim » permittendum est. » Le § 12 du même texte assimile prodigue au *furiosus*.

III. — Capitis deminutio du debiteur. — Il ne peut être question que de celle qui est dite *minima* et qui se produit quand une personne *sui juris* se donne en adrogation. Dans ce cas, le Droit civil admettait, sauf quelques exceptions, que les dettes de l'adrogé étaient éteintes. Le Préteur, corrigeant cette rigueur du Droit, accordait aux créanciers la *restitutio in integrum* (G. III, 84. — 2, § 1. Dig. *De cap. minutis*, 4, 5). L'adrogeant doit alors défendre l'adrogé, sinon le Préteur ordonne l'envoi en possession des biens de ce dernier.

Sous Justinien les créanciers arrivent au même résultat ; la procédure seule a changé : Au lieu de demander la *restitutio in integrum*, ils attaquent directement l'adrogeant *in nomine filii* (Inst. III, 10. *De adqui per adrog.*, § 3).

IV. — DÉFAUT DE REPRESENTATION, OU REPRESENTATION INSUFFISANTE. — Le débiteur n'est pas représenté quand il est décédé sans laisser de continuateur de sa personne, soit parce que son héritier a répudié, soit parce qu'il use du bénéfice d'abstention. Dans ce cas, le Préteur ordonne l'envoi en possession. Il en est de même si l'incertitude se prolonge sur la question de savoir si le *de cujus* aura un héritier (8, Dig. *Quibus ex causis*, 42, 4). Cette incertitude trop prolongée pourra se produire quand l'institution d'héritier est conditionnelle et que la condition tarde trop à se réaliser. Si la condition est potestative, le Préteur peut fixer un délai pendant lequel l'héritier sera tenu de la réaliser (4 pr. Dig. *De rebus auct. jud. poss.* 42, 5).

La défense est insuffisante si l'héritier est suspect comme moralité ou comme solvabilité. Il doit alors donner la caution que lui impose le Préteur, s'il ne veut pas que les créanciers du *de cujus* soient envoyés en possession des biens héréditaires (31 pr. Dig. *De rebus auct. judicis poss.*, 42, 5). Quoique la pauvreté de l'héritier soit un motif d'envoi en possession, le § 4 de la loi 31, Dig. *De rebus auct. jud.*, déclare que le Préteur doit considérer son honnêteté, et, si elle est établie, se contenter de cette garantie. Les créanciers héréditaires qui demanderaient tardivement l'envoi en possession, ne pourraient l'obtenir que dans le cas de dol de l'héritier (31, § 2. *eod.*). Celui-ci aurait une action d'injure contre ces créanciers, s'ils avaient à tort alléguée des causes de suspicion (31, § 5. *eod.*)

CHAPITRE II

Des biens qui font l'objet de l'envoi en possession

Cette mesure d'exécution porte sur la totalité du patrimoine du débiteur. C'est ce que dit Cicéron dans son plaidoyer *pro Quinctio*, ch. 2 : « Bonorum possessio spectatur » non in aliqua parte, sed in universis quæ teneri et possi- » deri possunt. » Les termes employés par Cicéron indiquent assez que l'envoi en possession ne peut comprendre la partie incorporelle du patrimoine, c'est-à-dire ses dettes actives ou passives. Mais, relativement à cette partie incorporelle, il produira des effets très-importants que nous étudierons dans un chapitre spécial.

La règle que nous venons d'énoncer subit une exception en faveur de quelques objets qui ont pour le débiteur une valeur d'affection considérable, comme sa concubine esclave et les enfants qu'il en a eus (38, Dig. *De rebus auct. jud.*

poss. 42, 15), les statues élevées en son honneur et qui n'appartiennent pas au municipe (29, *eod.*).

La règle exprimée ainsi dans sa généralité, n'est juste qu'en matière personnelle. En matière réelle quelques distinctions deviennent nécessaires : S'il y a eu condamnation, la cause, de réelle, dégénère en personnelle, car dans le Droit romain classique, les condamnations sont toujours pécuniaires. Dans ce cas, la règle générale que nous avons posée est applicable. S'il n'y a pas eu condamnation, il faut supposer qu'on ne peut y parvenir parce que l'absence du défendeur rend l'organisation de l'instance impossible. Dans ce cas, y a-t-il *latitatio* de la part du défendeur? l'envoi en possession portera sur l'universalité de son patrimoine. La raison en est que cet envoi doit conduire à la vente. Y a-t-il *simple absence?* l'envoi portera sur l'objet litigieux seulement, parce que cette mesure est alors simplement conservatoire (7, § 16, Dig. *Quibus ex causis*, 42, 4).

Dans le cas d'*hereditatis petitio*, l'envoi en possession ne porte que sur les biens héréditaires. La *latitatio* de l'héritier ne pourrait la faire étendre à l'universalité de son patrimoine ; mais son dol aurait cet effet, s'il a cessé frauduleusement de posséder les biens héréditaires (17 et 18, Dig. *Quibus ex causis*, 42, 4).

Sous Justinien, des considérations d'équité et d'intérêt public ont fait limiter l'envoi en possession aux biens suffisants pour acquitter le montant de la créance réclamée, *secundum mensuram declarati debiti* (Nov., 53, ch. 4, § 1). Bien des auteurs, suivant en cela l'opinion de Cujas et de Donneau, ont cru que l'envoi en possession, sous Justinien, avait toujours pour objet l'ensemble du patrimoine, et que la restriction de la Nov. 53 n'était appliquée que pour la vente ; mais je crois que le texte même de la Novelle est une réfutation suffisante. — En matière réelle, les condamnations n'étant plus pécuniaires après l'abolition de l'*ordo judiciorum*, l'envoi en possession ne porte jamais que sur l'objet litigieux seulement.

CHAPITRE III.

Des personnes qui peuvent demander l'envoi en possession et en profiter.

Le bénéfice de cette mesure d'exécution est ouvert à tous les créanciers sans distinction. Leurs droits sont égaux à cet égard, et l'envoi en possession obtenu par l'un d'eux profite à tous. Chacun des créanciers ne doit ni ne peut obtenir un décret d'envoi en possession qui lui soit propre ; il bénéficie du décret rendu sur la demande du premier poursuivant. On ne peut pas dire que ce premier poursuivant représente les autres ; ce serait alléguer à tort une exception à la règle, qu'on ne peut agir *per extraneam personam*; il faut simplement reconnaître qu'il ne s'agit ici que d'une simple formalité à remplir, et peu importe qui en ait pris l'initiative (12, Dig., *de rebus auct., jud., poss.,* 42, 5).

La question de savoir comment les autres créanciers se joindront à la procédure, n'est résolue par aucun texte des Pandectes. Une constitution de Justinien (c. 10, au Code *de bonis auct. jud. poss.,* 7, 72), déclare qu'ils devront

signifier leur créance à celui qui a obtenu l'envoi en
possession. D'après ce texte, le délai de cette notifica-
tion est de deux ans, si le créancier qui la fait habite
dans la même province que le débiteur; il est de quatre
ans, s'ils habitent des provinces différentes. Mais la date
de cette constitution et la longueur de ces délais montrent
qu'il ne s'agit pas ici de l'envoi en possession du droit
romain classique, c'est-à-dire de celle qui conduisait à la
vente en masse. Il n'est question que de la procédure con-
duisant à la *distractio.*

L'envoi en possession peut-il être demandé par les
créanciers à terme ou conditionnels ? Les Pandectes repro-
duisent sous le même titre, deux textes de Paul, pris du
même ouvrage, et qui se prononcent chacun dans un sens
contraire :

La loi 6, pr., Dig., *quibus ex causis,* 42, 4, dit : « In
» possessionem mitti solet creditor, etsi sub conditione
» pecunia ei promissa sit. » — Et la loi 14, § 2, *eod.
tit.* : « Creditor autem conditionalis in possessionem non
» mittitur, quia is mittitur, qui potest bona ex edicto
» vendere. » Différentes conciliations de ces deux textes
ont été présentées : Suivant Cujas et Pothier, le créancier
conditionnel pourrait obtenir le décret d'envoi en possession,
mais il ne pourrait le faire exécuter... Explication arbi-
traire qui fait naître une grande difficulté, celle de comprendre quelle serait l'utilité d'un décret non suivi d'exécution ! — Donneau distingue si le créancier conditionnel
est en concours avec d'autres créanciers purs et simples,
ou s'il est seul. Dans le premier cas, la loi 6 lui serait
applicable; la loi 14, § 2, au contraire, serait seule applicable

dans le second. — A côté de cette explication très-accep-
table, on peut en placer une autre, d'après laquelle, parmi
les jurisconsultes Romains, les uns auraient surtout considéré le caractère conservatoire de l'envoi en possession ;
les autres, son caractère exécutoire ; par suite, les premiers auraient été conduits à l'accorder au créancier conditionnel, les seconds à la lui refuser. Chacun des textes de
Paul, précités, se réfèrerait à l'une de ces opinions.

Si on admet l'affirmative, il faut toujours reconnaître
que le créancier conditionnel ne pourra faire procéder à la
vente avant l'accomplissement de la condition, et que le
créancier à terme ne le pourra pas davantage avant
l'échéance (7, § 14, Dig., *quibus ex causis*, 42, 4).

CHAPITRE IV.

Procédure de l'envoi en possession.

L'étude de cette matière se subdivise naturellement en
deux parties : l'une, ayant trait aux juridictions compé-
tentes ; l'autre, aux formes de procéder.

§ Ier. Compétence.

En toute matière, pour déterminer la juridiction compé-
tente, il faut considérer l'action, 1° quant à sa nature
(*ratione materiæ*) ; 2° quant au territoire où elle est exercée (*ratione personæ*) ;

I. Ratione materiæ. — Quant à sa nature, tel genre d'actions est attribué à tel *genre* de juges. Voyons donc ceux auxquels est attribué l'envoi en possession :

Il faut, dans cette matière, distinguer trois époques : 1° la République ; 2° les premiers empereurs ; 3° les empereurs chrétiens. Pour chacune de ces époques nous devrons aussi faire des distinctions entre Rome, l'Italie et les provinces.

1° Sous la République, à Rome, le Préteur peut ordonner l'envoi en possession. Les Édiles avaient peut-être aussi le même pouvoir ; ils avaient au moins la *modica coercitio*, en vertu de laquelle ils pouvaient procéder à certaines mesures d'exécution. — En Italie, nous devons distinguer entre les municipes et les villes non municipes. Dans les premières, se trouvaient des magistrats appelés *Duumviri* ou *quatuor viri juridicundo*, qui remplissaient les fonctions du Préteur à Rome. Il est certain qu'ils pouvaient ordonner l'exécution sur la personne. La loi de la Gaule Cisalpine, chap. 21, leur accorde ce pouvoir, et le chap. 22 semble le leur donner aussi sur les biens ; encore ne l'avaient-ils que pour faire droit aux créances ne dépassant pas quinze cents sesterces. — Dans les villes non municipes, les fonctions judiciaires étaient remplies par un préfet envoyé de Rome, compétent pour ordonner l'envoi en possession. — Dans les provinces, la même compétence appartient aux gouverneurs.

2° Sous l'empire, à Rome, l'ordre hiérarchique des fonctionnaires judiciaires change. Le *Præfectus urbi*, d'abord inférieur au Préteur, lui devient supérieur. Il est

compétent pour ordonner l'envoi en possession. Au-dessus
de lui, le Préfet du Prétoire a la même compétence. La
juridiction des Ediles a disparu. — En Italie, les magistrats municipaux perdent leur pouvoir (26 Dig. *ad muni-
cipalem*, 50, 1. — 4, Dig., *de juridictione*, 2, 1). Des magistrats nommés par l'empereur et appelés *consulares*, sous
Adrien, *juridici* sous Marc-Aurèle, *curatores*, sous Auré-
lien, gouvernent l'Italie divisée en quatre grandes circons-
criptions. Ils ont seuls le pouvoir de décréter l'envoi en
possession. — Dans les provinces, les gouverneurs conservent le même droit. Ils sont appelés proconsuls dans les
provinces du Sénat ; *præsides*, *præfecti*, *correctores*, *legati
Cæsaris,* dans celle de l'empereur.

3° Sous les empereurs chrétiens, à Rome, le *Præfectus
urbi* est compétent pour ordonner l'envoi en possession. —
En Italie, les *defensores civitatum*, officiers qui prennent
la place des magistrats municipaux ; — dans les provinces,
le gouverneur, dont le pouvoir reste le même. — Au-dessus de tous ces magistrats se trouvent quatre Préfets du
Prétoire ayant sous eux des *vicarii*. Ils ont remplacé le
Préfet du Prétoire unique des premiers empereurs. Ils
peuvent ordonner l'envoi en possession dans toute l'étendue de l'empire.

Les magistrats ci-dessus mentionnés n'exerçaient pas
toujours par eux-mêmes le droit d'exécution : la législation romaine admettait le *droit de délégation*, c'est-à-dire
la faculté pour le magistrat supérieur de déléguer un
magistrat inférieur ou un simple particulier pour exercer
les pouvoirs judiciaires inhérents à ses fonctions, mais
non ceux qui lui auraient été conférés par des lois spéciales

(1 , Dig.. *de off. ejus qui mand. est*, 1, 21). Par suite, un simple particulier délégué pouvait avoir à ordonner une *missio in possessionem* (1, § 1, et 5, § 1, Dig., *de off. ejus, cui mand. est*, 1, 21).

L'exposé ci-dessus, relatif aux magistrats compétents pour ordonner cette mesure d'exécution montre combien ils étaient peu nombreux et éloignés des justiciables. On pourrait se demander si le *droit de délégation* était suffisant pour rémédier à ces deux vices de leur organisation? Afin de les atténuer, outre le droit de délégation, on avait établi les *conventus*, assises que les gouverneurs allaient tenir dans les différentes parties de leur province.

II. RATIONE PERSONÆ. — Nous avons déterminé la compétence en raison de la nature de l'action; il reste à la déterminer en raison du territoire. L'envoi en possession, après une condamnation, est ordonné par le magistrat qui a délivré la formule et nommé le *judex*, ou qui a lui-même statué *extra ordinem*; après une *confessio in jure*, par le magistrat devant qui l'aveu a été fait; dans le cas d'absence du débiteur ou de non-défense, par le magistrat devant lequel il devait être actionné et aurait dû défendre. La règle posée pour la vente par la loi 1, Dig., *de rebus auct. jud. poss.* 42, 15, est applicable à l'envoi en possession : « Venire bona ibi oportet ubi quisque defendi » debet. »

Une difficulté se présente dans le cas où les biens composant l'ensemble du patrimoine du débiteur sont situés dans des ressorts différents. Les créanciers doivent-ils alors obtenir autant de décrets d'envoi qu'il y a de res-

sorts divers, en s'adressant à chacun des magistrats compétents en raison du lieu ? Pothier soutient l'affirmative et
s'appuie sur cette considération qu'il en était ainsi pour
l'envoi en possession de biens déterminés. La loi 12, § 1,
Dig. *de rebus auct. judic. poss.*, 42, 15, dit d'ailleurs :
« Is qui possidere jubetur, eo loco jussus videtur cujus
» causa ad jubentem pertinet. » — Il est probable
pourtant qu'un seul décret était exigé, mais que, pour le
rendre exécutoire dans d'autres provinces, il fallait obtenir une ordonnance d'*exequatur* des magistrats de ces
provinces. L'argument invoqué par Pothier ne saurait être
accepté, parce que l'envoi en possession de biens déterminés était toujours exécuté par les officiers du magistrat de la province. On comprend donc qu'un décret de ce
magistrat fût nécessaire. Mais la *missio in bona* était exé-
cutée par les créanciers eux-mêmes, sans l'assistance des
officiers du magistrat. L'envoi en possession frappe l'ensemble du patrimoine ; c'est là son caractère essentiel : or,
pour qu'il puisse conserver ce caractère, il est nécessaire de n'admettre qu'un seul décret ; leur multiplicité
aurait rendu leur non-conformité possible, et cette
voie d'exécution, au lieu d'embrasser tous les biens
du patrimoine, aurait pu ne comprendre que ceux d'une
province.

§ II. Formes de la procédure.

C'est toujours *extra ordinem* que le magistrat rend le
décret d'envoi en possession. Dans aucun cas, cette procédure ne constitue une action engagée avec l'adversaire,

et s'il y a des exemples d'actions *judicati* à propos de l'envoi , cette action ne porte pas sur la *missio in possessionem* elle-même , mais sur la validité du titre invoqué pour la demander. Lorsque, à la suite de cette action , le titre est reconnu valable, le créancier doit revenir devant le magistrat pour demander *extra ordinem* le décret d'envoi.

Le magistrat statue *causâ cognitâ* ou *de plano*. Dans le premier cas , il prend connaissance d'une manière plus approfondie du titre invoqué par le créancier; il se contente de le constater dans le second. Il statue *causâ cognitâ* quand la situation du débiteur rend équitable d'apporter à ses intérêts plus de sollicitude. Ainsi , quand c'est un incapable *indefensus* (5, § 1, Dig. *quibus ex causis*, 24, 4), ou un absent. L'absence ne serait pas une cause de *causœ cognitio* , si elle se produisait après *vadimonium* ; dans ce cas, le demandeur a toujours droit à l'envoi en possession (1 , § 5, Dig. *Ne vis fiat*, 43, 4; — Cicéron *pro Quinctio*, ch. vi, xxii et xxiii). Elle serait, au contraire, une cause de *causœ cognitio* si le débiteur *latitat* , ou s'il n'a pas répondu à la *in jus vocatio* (l. 3, Dig. *de procur.*, 3, 3). La *causœ cognitio* est une sauvegarde établie en faveur du débiteur , et il convient d'autant plus de l'employer , que les conséquences de l'envoi en possession seront plus graves contre lui. Or , s'il est *latitans* , la vente des biens doit suivre l'envoi (18 , Dig. *Si servitus vind.*, 8 , 15; c. 9 , C. *de bonis auct. jud. poss.*, 7, 72). — Quand le magistrat statue *causâ cognitâ*, il le doit faire *pro tribunali* et un jour faste. Il statue *de plano* en tout temps et en tout lieu.

Sous l'Empire, la *causœ cognitio* devient nécessaire pour tous les cas d'envoi en possession (c. 2, C. *ubi in rem*, 3, 19 ; c. 13, § 3, C. *de judiciis*, 3, 1 ; Nov. 53, ch. IV, § 1 ; Nov. 69, ch. II et III).

CHAPITRE V.

EFFETS DE L'ENVOI EN POSSESSION.

Ces effets se produisent : 1° par rapport aux créanciers ; 2° par rapport au débiteur.

§ Ier. Effets relatifs aux créanciers.

Les créanciers n'acquièrent pas sur les biens le droit de propriété (c. 6, C. *de bonis auct. jud. poss.*, 7, 72), ni la possession *ad usucapionem* (c. 8 *eod*), ni celle *ad interdicta* (3, § 8 Dig. . *uti poss.*, 43, 17).

Le droit qu'ils acquièrent comprend trois éléments :- détention, gage, administration.

I. Leur droit de détention leur donne celui de se faire mettre en possession des biens du débiteur. Ils y ont droit alors même qu'il n'y a pas de biens corporels dans le patrimoine, ou que quelque obstacle s'oppose à ce que le décret d'envoi puisse être immédiatement exécuté (l. 12, § 2, et l. 13 Dig. *de rebus auct. jud. poss.*, 42, 5). Ces circonstances ne peuvent tenir en échec le droit des créanciers. S'il n'y a pas de biens corporels, l'envoi ne pourra avoir pour but une possession effective, mais seulement la vente ou la réalisation des créances au profit de la masse des créanciers. S'il y a des obstacles à la prise de possession, l'envoi en sera ordonné pour être exécuté lors de la cessation des obstacles qui pour le moment s'y opposent.

Si les empêchements à la mise en possession, ou à la conservation de cette possession, proviennent d'une volonté humaine dolosive, les créanciers ont l'interdit *ne vis fiat* pour en triompher (1. Dig. *Ne vis fiat*, 43, 4).

Quel est le caractère de cet interdit, quelles sont ses conditions, les personnes contre lesquelles il peut être exercé, et ses effets ?

1° Son caractère est mixte ; il constitue une peine pour le défendeur et une indemnité pour le demandeur ;

2° Ses conditions sont au nombre de deux : 1° il faut qu'il y ait un dol exercé. Cette condition est rigoureuse ; d'où il suit que si l'auteur de la résistance ou du trouble agit sans dol, si, par exemple, il n'est pas *doli capax* (1, § 4, Dig. *Ne vis fiat*, 43, 4), ou s'il croit être dans son droit, l'interdit *ne vis fiat* ne peut être donné. Quand le dol existe, il importe peu qu'il soit pratiqué par celui qui doit en profiter ; peu importe encore qu'il le soit directement contre les créanciers eux-mêmes (2, Dig. *eod.*). — La violence n'est pas, comme le dol, une condition exigée (1, § 3, *eod.*) — 2° La seconde condition à laquelle est subordonné cet interdit, est d'être exercé dans le délai d'une année. Après l'expiration de ce délai, il ne pourra plus être donné que dans la limite du profit du défendeur.

3° Les personnes contre lesquelles il peut être accordé sont les auteurs du trouble ou de la résistance. Ces auteurs peuvent ne pas être le débiteur lui-même. Le tuteur d'un pupille dont les biens font l'objet d'un envoi en possession peut être passible de cet interdit. S'il est insolvable, le pupile pourra être attaqué à sa place (1, § 6 *eod.*) — Il peut être donné contre les héritiers de l'auteur du trouble *quatenus ex dolo ad eos pervenit*, car il n'est pas pénal à l'égard de ces héritiers.

4° L'effet de cet interdit est d'empêcher l'action résultant de la créance ; ce qui provient de son caractère *rei persecutorium*. Il ne faut pas que le demandeur obtienne deux fois le montant de ses droits (51, Dig. *de re jud.* 42, 1).

II. Droit de gage. — L'envoi en possession donne aux créanciers un *pignus prœtorium* (26 Dig. *de pign. acti*, 13, 17), qui leur est collectif à tous, quelle que soit la date de la demande de chacun d'eux. L'antériorité de la demande d'envoi n'est donc pas une cause de préférence ni de privilége, lesquels ne peuvent provenir que de droits antérieurement acquis.

Sous le paragraphe suivant consacré aux effets de l'envoi relatifs au débiteur, nous verrons que le *pignus prœtorium* rend non valables à l'égard de la masse des créanciers, les concessions de droits réels et de créance consenties par le débiteur postérieurement à lui.

III. Droits d'administration. — L'envoi en possession opère dessaisissement du débiteur au profit des créanciers. De là, naissent pour eux un droit de garde et un droit d'administration. — Le droit de garde leur est accordé par un passage de l'édit indiqué dans Cicéron (*pro Quinctio*, chap. 27). Ils peuvent faire dresser un inventaire des meubles et un état des immeubles, faire procéder à la recherche et à la visite des biens (15 pr. Dig. *de rebus auct. jud. poss.* 42, 5). Ils peuvent faire vérifier les comptes du débiteur, mais ils ne le peuvent pas plus de deux fois; encore sont-ils obligés, la seconde fois, de jurer que cette nouvelle vérification est nécessaire (15, § 1 *eod.*).

Leur droit d'administration est réglé par les §§ 1, 2 et 3 de la l. 8 Dig. *de rebus auct. jud. poss.* 42, 5. Les créanciers doivent respecter les ventes de fruits, les baux à ferme et les locations consentis sans fraude par le débiteur. Ils peuvent eux-mêmes en consentir. La durée des baux n'est pas limitée; il suffit qu'ils soient faits sans fraude. S'ils ne s'accordent pas pour cette administration, le magistrat nomme l'un deux qui aura seul pouvoir d'agir (8, § 4 *eod.*).

Le plus généralement, l'administration est confiée à un curateur choisi parmi les créanciers, ou parmi les tiers (15 Dig. *de rebus auct.* 42, 5, 2, — § 4 Dig. *de curat. bonis dando*, 42, 7). Si l'unanimité des créanciers ne s'accorde pas sur ce choix, la majorité en décide. Mais dans ce cas le magistrat doit ratifier cette nomination, sinon le curateur ne sera responsable que vis-à-vis de ceux qui l'ont nommé (arg. de la l. 5, Dig. *de curat. bonis dando*, 42, 7).

Ce mandat d'administration n'est pas obligatoire pour le curateur désigné, il ne pourrait cependant le refuser dans le cas d'urgence, ou s'il y avait ordre de l'empereur (2, § 3 *eod.*).

Le curateur administre; il représente le débiteur (2, § 1 *eod.*); il paie les dettes échues quand elles ont été contractées sous clause pénale (2, § 1 *eod.*).

La nomination d'un curateur est nécessaire quand le patrimoine du débiteur comprend des actions à exercer. Mais il faut alors que cette nomination soit confirmée par le magistrat (14 pr. Dig. *de rebus auct. jus poss.* 42, 5).

L'administration peut être confiée à plusieurs curateurs.

Dans ce cas, chacun d'eux peut en prendre une part ou l'exercer indivisément avec les autres. Si aucune division n'a été faite entre eux, chacun a les mêmes pouvoirs que s'il était seul (2, §§ 2 et 5, Dig. *de curat bonis dando*, 42, 7).

L'administration des biens du débiteur se terminera par une reddition de comptes, soit entre les curateurs et les créanciers, soit entre les créanciers et celui qui met fin à l'envoi en possession.

Expliquons chacune de ces deux situations et exposons-en les principes :

1° A la fin de leur administration, les curateurs rendent leurs comptes aux créanciers. Vis-à-vis de ceux qui les ont nommés, ils sont de véritables mandataires et sont soumis à l'action *mandati directa*. Vis-à-vis de ceux qui ne les ont pas nommés, nous devons distinguer s'ils ont été, ou s'ils n'ont pas été confirmés dans leurs fonctions par le magistrat. Dans le premier cas, ils sont soumis à l'action *negotiorum gestorum directa*. Dans le second, c'est-à-dire s'ils n'ont pas été confirmés par le magistrat, l'action sera dirigée, non plus contre eux, mais contre les créanciers auteurs de leur nomination ; et cette

action sera *negotiorum gestorum*, si les créanciers qui l'exer-
cent étaient connus lors de la nomination des curateurs ;
elle sera *in factum* dans le cas contraire (22, § 10 Dig.
Mandati, 17, 1.—5. Dig. *de curat bonis dando*, 42, 7).

Les curateurs répondent seulement de leur dol et de leur
faute lourde (9, § 5, Dig. *de rebus auct. jud. poss.* 42, 5).
S'il ont partagé entre eux l'administration, chacun ne
répond que des actes par lui accomplis (2, §§ 2 et 5. Dig.
de curat. bonis dando, 42, 7). S'ils ne l'ont point partagée,
chacun est tenu *in solidum* pour tout acte d'administration.

2° La reddition de comptes aura encore lieu entre les
créanciers et le débiteur, si celui-ci fait cesser l'envoi ; ou
entre les créanciers et le *magister bonorum vendendorum*,
si on en vient à la vente. Dans l'un et l'autre cas, les
règles observées sont les mêmes. Les créanciers, à la différence des curateurs, ne sont pas soumis à l'action *negotiorum gestorum*, car ils n'ont pas agi dans l'intérêt de
celui à qui ils rendent leurs comptes, mais dans le leur
propre. Aux termes de l'édit, l'action admise est une action *in factum* : S'il y a eu dol, une action *de dolo*. La
première est *rei persecutoria*, la seconde est pénale *ex
parte rei* ; d'où la conséquence que l'une est admise contre
les héritiers, l'autre ne peut leur être opposée que *quatenus ex dolo ad eos pervenit* ; la première est perpétuelle,
la seconde est annale (9, § 7, Dig. *de rebus auct. jud. poss.*
42, 5. — 9. § 8 et l. 10 *eod.*). Les créanciers sont tenus
sur deux chefs de responsabilité : fruits perçus, et détériorations. Ils doivent les fruits qu'ils ont perçus et ceux
qu'ils ont négligé de percevoir par négligence (9, § 6 *eod.*).

Ils doivent encore tout ce qu'ils ont recueilli à un titre quelconque à l'occasion de la gestion (9, § 1 *eod.*). Ils sont tenus également de rendre compte des créances acquises (14 *eod.*). Ils doivent indemnité pour les détériorations par eux faites avec dol ou faute lourde. Celles occasionnnées par leur seule négligence n'exposent pas leur responsabité (9, § 5 *eod.*).

Les créanciers ont droit à indemnité pour toutes les impenses qu'ils ont faites de bonne foi. On ne peut exiger qu'elles aient été utiles (9, § 2 *eod.*).

§ II. — **Effets de l'envoi en possession relatifs au débiteur.**

Ces effets peuvent être ramenés aux trois termes suivants : dessaisissement, suspicion, atteinte à *l'existimatio.*

I. DESSAISISSEMENT. — Le débiteur est dessaisi de l'administration et de la jouissance de ses biens. Ce dessaisissement, comme nous l'avons dit, comprend tout le patrimoine. Pourtant on accorde au débiteur une pension alimentaire dans le cas seulement où il est incapable *indefensus.* La loi 33 pr. dig. *de rebus auct. jud. poss.* 42, 5 ; et Paul *Sent.* l. v, t. 50, § 1, le déclarent pour le pupille *indefensus.* Il faut étendre cette décision à tous les incapables (7, §§ 10, 11 et 12, Dig. *quibus ex causis,* 42, 4. — 1, § 19, Dig. *de ventre in poss. mittendo,* 37, 9).

Quelles sont les conséquences du dessaisissement relativement aux actes faits par le débiteur ? — Nous supposerons d'abord ces actes postérieurs ou dessaisissement. On a dit qu'ils étaient nuls et qu'ils seraient attaqués par les

créanciers ou par le curateur au moyen d'une action en
nullité contre celui qui en a profité même de bonne foi.
Cette action en nullité serait une sorte de *condictio sine
causa* ou de *rei vindicatio*. Elle aurait sur la Paulienne le
double avantage de pouvoir être exercée même sans
qu'il y ait eu fraude de la part du débiteur, ni même
de la part du deuxième ou du troisième sous-acqué-
reur, et de durer trente ans à partir de l'acte attaqué. Comme la Paulienne, elle ne pourrait pas être intentée dans le cas où il y aurait eu, non plus *eventus
damni*, mais simplement *lucrum cessans*. — Je crois pourtant que ces actes ne sont pas nuls en principe, mais seulement annulables. On ne voit pas comment on pourrait
admettre ici une *condictio sine causa* ou une *rei vindicatio*.
Le débiteur en effet reste propriétaire de ses biens après
l'envoi en possession, et il n'est pas frappé par là d'incapacité absolue de s'obliger. Seulement, s'il s'oblige ou
aliène ses biens, le Préteur refuse de donner contre la
masse des créanciers envoyés en possession, l'action demandée pour faire exécuter cet acte. Ou bien, s'il a été
exécuté, les créanciers auront l'action Paulienne pour le
faire tomber et par suite aussi l'interdit *fraudatorium*, qui
est toujours accordé dans les cas où la Paulienne est possible
(10, § 16, Dig. *quæ in fraudem cred.* 42, 8). L'envoi en
possession étant une mesure Prétorienne, on comprend
que les effets n'en puissent être sanctionnés qu'au moyen
d'actions elles-mêmes Prétoriennes, comme l'action Paulienne et l'interdit *fraudatorium*. Comprendrait-on d'ailleurs
que dans certains cas de *missio in possessionem*, celle qui
se produit par suite de l'absence du débiteur par exemple,

celui-ci, qui pouvait ne s'être éloigné que pour faire le commerce à l'étranger, perdît toute capacité par l'effet même de cet envoi, de telle sorte que tout acte par lui fait, eut été radicalement nul ? Ces actes doivent nécessairement être valables en principe, seulement annulables au moyen de l'action consacrée par les textes contre les actes faits en fraude des créanciers, c'est-à-dire au moyen de l'action Paulienne. C'est ainsi que je crois devoir résoudre la question de savoir dans quelle mesure l'envoi en possession accordé aux créanciers est opposable aux tiers ; question sur laquelle nous n'avons pas de donnée certaine en Droit romain.

Etudions maintenant quel sera le sort des actes faits par le débiteur antérieurement à son dessaisissement. Ici, il n'y a plus de doute : ces actes seront valables en principe, mais annulables au moyen de l'action Paulienne.

Tout demandeur à cette action, doit prouver que l'acte qu'il attaque, lui a porté préjudice, et que les parties contractantes l'ont fait afin de lui nuire ; ce qu'on exprime par ces deux termes *eventus damni* et *consilium fraudis*.

La première de ces deux conditions à l'exercice de la Paulienne, nous conduit à cette conséquence : Puisque les créanciers qui l'intentent doivent prouver leur préjudice, c'est-à-dire puisqu'ils doivent établir que l'acte qu'ils attaquent a occasionné ou augmenté l'insolvabilité de leur débiteur, il faut préalablement laisser se réaliser la vente aux enchères publiques avec adjudication au plus fort enchérisseur. Avant cette vente, comment dire que le débiteur est insolvable ? Sait-on si l'adjudicataire ne s'engagera

pas à payer le montant intégral des dettes du débiteur ? —
La nécessité d'attendre la vente apparait d'autant plus
clairement quant on remarque que tous les créanciers ne
peuvent pas intenter l'action Paulienne et en profiter,
mais seulement ceux dont la créance est antérieure à l'acte
attaqué. Or, si elle était exercée avant la vente, la masse
entière en recueillerait le bénéfice ; résultat qui serait contraire aux principes mêmes de l'action Paulienne. Pourtant
la loi 1, pr. Dig. *quæ in fraudem credit.* 42, 8, dit : « Ait
» prætor : quæ fraudationis causâ gesta erunt... De his
» *curatori bonorum*, vel ei cui de ea re actionem dare
» oportebit... actionem dabo. » Ces mots *curatori bonorum*
qui supposent que la vente n'a pas encore eu lieu, doivent
s'entendre du cas où l'insolsabilité serait très-patente, et où
les actes frauduleux étant récents, tous les créanciers leur
seraient antérieurs et pourraient les attaquer. D'ailleurs
les mots *vel ei cui de ea re actionem dare oportebit* étant
très-larges, laissent place à l'opinion que nous avons émise.

Tout acte qui réunit l'*eventus damni* et le *consilium
fraudis* est attaquable : ainsi une aliénation, une obligation contractée, la remise d'une dette, l'abandon d'un
objet, d'un esclave, par exemple, sur la place publique,
les faits d'omission frauduleux comme la perte d'une
servitude par non usage pendant deux ans, ou la péremp-
tion d'une action, ou si le débiteur a laissé s'accomplir
une prescription ou une usucapion (1, 2, 3, 4 et 5, Dig.
qua in fraudem credit. 42, 8).

Faut-il appliquer ces règles au paiement fait par le
débiteur ? Distinguons si ce paiement est postérieur ou
antérieur à l'envoi en possession : s'il est postérieur, il

me paraît impossible , en présence des lois 6 § 7 et 10 ,
§ 16, Dig. *quœ in fraudem cred.* 42, 8 , qu'il puisse être
maintenu. Le but de l'envoi en possession, en effet, est de
réaliser le gage des créanciers, et il fixe leur droit. Dès
lors aucun d'eux ne peut sans fraude, changer au préjudice des autres , le *prorata* qui lui est destiné. C'est ce
que dit formellement la loi 6, § 7, *quœ in fraud.* L'annulation du payement sera poursuivie par l'action Paulienne , suivant le principe que nous avons émis. Les lois
6, § 7, et 10 , § 16 *quœ in fraud.* appuient même cette
solution puisqu'elles supposent un cas de fraude de la part
du créancier payé, c'est-à-dire un cas d'action Paulienne.

Mais si le paiement est antérieur à l'envoi en possession,
que devons-nous décider ? Si le débiteur a payé son créancier avant terme , ce créancier devra restituer l'*inter-
usurium*, c'est-à-dire les intérêts dont il a bénéficié par
suite de ce paiement anticipé. Mais que faut-il décider,
quant au capital? Ou ce qui revient au même, le créancier
qui a reçu le montant de sa créance à l'échéance est-il
tenu de restitution ?

Trois opinions se sont formées pour répondre à cette
question : D'après la première, le paiement est révoca-
ble si le débiteur a voulu gratifier un créancier, alors que
plusieurs se présentaient pour réclamer ce qui leur était
dû.

D'après la seconde, le paiement peut être attaqué, s'il
y a fraude de la part du créancier payé.

La troisième refuse l'action, car il ne peut jamais y avoir
mauvaise foi de la part du créancier qui reçoit ce qui lui
est dû.

— 55 —

1ᴵᵉ OPINION. — Ses partisans invoquent la loi 6, §§ 1 et 2, Dig. *De rebus auct. jud.*, 42, 5, qui déclare non valable un paiement fait par un pupille pour favoriser un de ses créanciers. La loi 24, Dig. *Quæ in fraud, credit.* 42, 8, fait une hypothèse analogue. — Nous réfutons ces arguments en montrant que ces textes ne sont pas relatifs à un cas d'action Paulienne : ils s'occupent simplement de savoir si un acte fait par un pupille héritier, doit être maintenu, alors que ce pupille a perdu cette qualité d'héritier. Ils supposent un pupille héritier sien qui, après avoir administré la succession, s'abstient de l'hérédité et obtient *restitutio in integrum* contre les conséquences de son ingérance. Les actes d'administration qu'il a faits pendant qu'il avait la qualité d'héritier, seront maintenus, s'il les a faits de bonne foi. Voilà l'hypothèse et la solution données par ces textes.

2ᵉ OPINION. — Ses partisans disent qu'il faut appliquer l'action Paulienne, si le créancier payé savait le débiteur déjà insolvable : 1° La loi 1, § 2, Dig. *Quæ in fraudem credit*, 42, 8, annule sans distinction tous les actes qui appauvrissent frauduleusement le débiteur. 2° La loi 25, § 1. *eod.*, suppose un mari qui a reçu une dot du débiteur frauduleux. S'il ignore l'insolvabilité du constituant, la loi dit qu'il doit être assimilé au créancier qui a reçu son paiement avec la même ignorance : « *in maritum au-* » *tem, qui ignoraverit, non dandam actionem; non magis* » *quam in creditorem, qui a fraudatore, quod ei deberetur* » *acceperit.* » Quand le mari est de mauvaise foi, au contraire, il doit restituer la dot : Or, l'assimilation précédente doit-être étendue par analogie au cas où le créancier payé est de mauvaise foi. 3º La loi 96, pr. Dig. *De solutionibus*, 46, 3, suppose un tuteur qui, pour se libérer, délègue à son propre créancier un débiteur du pupille. Le paiement sera annulé, si le créancier payé a eu connaissance de cette manœuvre du débiteur. — Aucun des arguments précédents ne nous paraît concluant. Le premier qu'on invoque se prévaut des effets de la fraude qui, quand elle existe, rendrait l'acte attaquable, quel qu'il fût. Mais, je nie que le créancier payé avant l'envoi en possession puisse être de mauvaise foi, car il ne reçoit que ce qui lui est dû. Le second argument se retourne contre l'opinion même en faveur de laquelle on l'invoque. La loi 25, § 1, Dig. *Quæ in fraudem credit.* met sur la même ligne le créancier qui a reçu son paiement et un mari qu'on ne peut attaquer par l'action Paulienne. On peut en conclure que le créancier qui a reçu son paiement ne peut jamais être attaqué par cette action. Enfin, quant à la loi 96, pr. Dig. *De solutionibus*, elle suppose une véritable escroquerie de la part du créancier payé, puisque, ayant le tuteur pour débiteur, il a consenti à être payé avec des deniers dûs au pupille. On comprend que dans ce cas très-différent du nôtre, l'action Paulienne soit accordée.

3e OPINION. — Je crois que le paiement ne peut être attaqué, quelle qu'ait été, chez le créancier payé, la connaissance de l'état d'insolvabilité du débiteur. Un créancier, en effet, ne peut jamais commettre un acte frauduleux quand il reçoit ce qui lui est dû ; il ne fait qu'user d'un droit. Il ne peut être obligé à sacrifier sa créance afin d'améliorer la situation des autres. Supposons que le débiteur d'un pupille aille trouver le tuteur, administrateur de la fortune de ce pupille, et lui offre le paiement. Si le tuteur le refuse en alléguant qu'il a connaissance de l'état d'insolvabilité de ce débiteur et qu'il ne doit pas empirer la situation des autres créanciers, ne sera-t-il pas condamné vis-à-vis du pupille pour ce scrupule injustifiable? Comment, dès lors, pouvoir faire un reproche au créancier s'il a accepté le paiement dans cette même circonstance? Plusieurs textes au Digeste confirment ces principes : la loi 129, *De reg. juris*, 50, 17, dit : « Nihil » dolo creditor facit, qui suum recipit. » La loi 6, § 7, *Quæ in fraudem cred.* dit pour ce cas : « Non timere hoc » edictum; sibi enim vigilavit. » La loi 24 *end.* : « Vigi- » lavi; meliorem meam conditionem feci ; jus civile vigi- » lantibus scriptum est : ideo non revocatur id quod per- » cepi. ».

Que faut-il décider sur la validité du paiement d'une obligation naturelle fait avant l'envoi en possession? il semble que, le créancier n'ayant pas le droit d'exiger le paiement, il y ait fraude de sa part de l'avoir accepté. Je crois cependant que l'action Paulienne n'est pas plus admissible contre le créancier naturel que contre le créancier civil. Car la créance naturelle, quoique dépourvue d'action, n'en est pas moins une créance. Aux yeux du droit des gens, il y a une dette, et il ne peut y avoir mauvaise foi à accepter ce qui vous est dû.

La *datio in solutum*, c'est-à-dire la remise au créancier, faite avec son consentement, d'une chose autre que celle qui lui est due, peut-elle être attaquée par l'action paulienne, quand elle a eu lieu avant l'envoi en possession?

Les uns ont soutenu qu'elle était valable, car la *datio in solutum* est assimilée au paiement (*Inst.* de Just. III, 29 pr.). D'autres accordent l'action Paulienne, en considération de la possibilité et même de la probabilité de la fraude. Le créancier, en effet, a pu vouloir profiter de la situation malheureuse du débiteur pour se faire donner un objet d'une valeur supérieure à sa créance. On a argumenté de la loi 25, § 3, Dig. *Quæ in fraudem credit.* 42, 8. Mais le mot *jussit* peut y être entendu comme se référant à un véritable paiement, et dès lors ce texte n'est pas concluant. Lors d'une *datio in solutum*, il n'y a pas de paiement proprement dit, mais un contrat nouveau intervenu avec *consilium fraudis*, et avec *eventus damni* pour les autres créanciers. C'est là l'opinion soutenue par M. de Vangerow. — Je crois que la divergence que nous trouvons chez les interprètes modernes, existait aussi chez les jurisconsultes Romains. Les Sabiniens appliquaient à la *datio in solutum* les règles du paiement, et devaient par conséquent la déclarer valable dans le cas que nous étudions. Les Proculiens y voyaient une vente (15, Dig. *Quibus ex causis*, 42, 4) et devaient accorder contre elle l'action Paulienne, puisqu'elle est admise contre la vente. Dans notre Droit commercial, l'art. 446 du Cod. de com. annule la dation en paiement.

La constitution de gage ou d'hypothèque au profit d'un créancier chirographaire, faite par un débiteur déjà insolvable peut être attaquée par l'action Paulienne, quand le créancier a connu l'insolvabilité du débiteur (l. 10, § 13, l. 22 et l. 6, § 6, Dig. *De re judicata*, 42, 1).

Voyons le cas où le débiteur *fraudator* est lui-même

créancier et reçoit le paiement qui lui est dû. Si ce paiement a lieu avant l'envoi en possession il est valable, car
il est fait à un homme qui est encore à la tête de son patrimoine et qui peut exiger ce qui lui est dû. Mais si le
paiement avait lieu au détriment de la masse des créanciers
après l'envoi en possession, il serait annulé.

Il peut arriver qu'un acte fait avant l'envoi en possession
par un débiteur déjà insolvable, soit annulable à l'égard
de quelques-uns des créanciers seulement, et ceux-là seuls
pourront l'attaquer et profiter de l'annulation. L'action
Paulienne, en effet, est accordée contre un acte frauduleux
aux seuls créanciers dont la créance existait déjà au moment
où l'acte a été fait. Cette règle est de bon sens, car un acte
ne peut frauder des créanciers qu'autant qu'ils existent ;
or, les créanciers postérieurs n'existaient pas au moment
où l'acte a été passé. —On ne peut alléguer comme des
exceptions à cette règle, quelques cas où la créance n'est
postérieure qu'en apparence. Par exemple, qu'un débiteur
fasse une aliénation frauduleuse ; puis qu'il emprunte pour
payer des créanciers antérieurs qui vont attaquer l'aliénation ; les nouveaux créanciers pourront intenter l'action
Paulienne contre cet acte, bien qu'ils lui soient postérieurs.
La raison en est qu'ils ont prêté leur argent pour désintéresser les premiers créanciers, et qu'ils leur sont subrogés
(10, § 1, 15 et 16, Dig. *Quæ in fraudem credit.*, 42, 8).
De même, un individu peut faire un acte frauduleux afin
de nuire à des personnes qui seront plus tard ses créanciers. Ainsi, il prend un bien à ferme, et dans un acte simulé,
il stipule un bail fictif à très-haut prix, dans le but de
procurer au bailleur un dividende très-fort et frauduleux,

quand ce bailleur viendra en concours avec d'autres créanciers que le preneur aura plus tard par suite d'emprunts ou
d'acquisitions qu'il fera. Ces créanciers pourront attaquer
l'acte antérieur de bail simulé. Le Préteur pourra même ne
pas accorder l'action au bailleur, ou il concédera à la masse
des créanciers une exception contre lui. La créance devien-
dra donc illusoire. Mais il n'y a pas là d'action Paulienne ;
seulement une action en simulation.

Les créanciers qui peuvent attaquer un acte frauduleux
au moyen de l'action Paulienne, c'est-à-dire les créanciers
antérieurs à cet acte, doivent intenter l'action dans l'année
utile. On désigne par *année utile* celle dans laquelle on ne
compte que les jours où le créancier a été à même d'agir.
Le point de départ de ce délai d'une année utile, est le
moment de la vente en masse des biens du débiteur. C'est
à partir de ce moment, en effet, que l'action Paulienne est
justifiée. C'est à tort que quelques auteurs ont cru qu'elle
était accordée dans l'année de l'acte attaqué (6, § 14, et
10, § 18, *hoc*). Elle est donnée perpétuellement quand
le débiteur détient entre ses mains des valeurs soustraites
au préjudice de la masse des créanciers. Elle a alors pour
but de faire prononcer la contrainte par corps contre lui
.(10, § 24, *loc*).

II. Autre effet de l'envoi en possession a l'egard du
debiteur : *SUSPICION*. — L'état de suspicion où il tombe
l'oblige à l'avenir à donner caution *judicatum solvi* quand
il plaide. C'est ce que nous dit Gaius, c. iv, § 102 : « Quod
» si proprio nomine aliquis judicium accipiat in personam,
» certis ex causis satisdari solet, quas ipse Prætor signifi-

» cat. Quarum satisdationum duplex causa est; nam aut
» propter genus actionis satisdatur, aut propter personam
» quia suspecta sit... propter personam velut si cum eo
» agitur qui decoxerit, cujusve bona a creditoribus pos-
» sessa proscriptave sunt. »

III. L'ENVOI EN POSSESSION PORTE ATTEINTE A L'*EXISTI-
MATIO* DU DEBITEUR. — Les tables d'Héraclée nous apprennent qu'il ne peut à l'avenir exercer des fonctions municipales ; excepté toutefois s'il n'a subi l'envoi que par suite de son état de pupille *indefensus*, ou d'absent pour le service de l'Etat. Le Droit romain, comme notre Droit commercial, édicte donc des incapacités contre le débiteur en déconfiture ou failli. (L. du 15 mars 1849, art 3, § 8. — Décret organique du 2 février 1852, art. 15 et 26. — Décret du 7 août 1848, art. 3. — L. du 13 juin 1851, art. 8. — Décret du 20 février 1810, art. 14; décret du 27 mai 1848, art. 11. — Code de commerce, art. 83, 613, 618).

L'envoi en possession entraîne-t-il l'infamie contre le débiteur? Le passage suivant de Cicéron (*pro Quinctio*, c. 8) pourrait le faire croire : « Cujus bona ex edicto pos-
» sidentur hujus omnis fama et existimatio cum bonis
» simul possidentur. » Mais c'est là sans doute une exagération oratoire. Cicéron voulait amplifier les effets fâcheux de l'envoi en possession, afin de dissuader les juges de l'admettre contre son client.

CHAPITRE VI.

Des différentes manière de mettre fin à l'envoi en possession.

La situation que nous venons d'étudier prend fin principalement par la vente en masse ou par une satisfaction accordée aux créanciers. L'étude de la vente en masse fera l'objet de la seconde partie de cette thèse ; celle des diverses satisfactions accordées aux créanciers et extinctives de l'envoi en possession va faire l'objet du présent chapitre.

I. La première de ces satisfactions est le paiement fait par le débiteur lui-même, ou par un tiers qui paie pour lui. On peut lui assimiler le cautionnement consenti par un tiers avec le consentement des créanciers. Cette manière de mettre fin à l'envoi en possession est applicable quand l'envoi a eu lieu après une *condemnatio* ou une *confessio in jure*. — Elle sera également applicable après une cession de biens. Mais ce cas est compris dans le précédent, puisque la cession de biens n'a lieu, au moins dans le Droit romain classique, qu'après une *condemnatio* ou une *confessio in jure*. Sous Justinien, où la cession de biens peut avoir lieu sans formalité qui la précède, le débiteur fera encore cesser l'envoi par le paiement. Les lois 3 et 5, Dig. *de cess. bonorum*, 42, 3, disent que le débiteur peut aussi le faire cesser, après cession de biens, *si paratus fuerit se defendere*, ce qu'il faut traduire par : *S'il est prêt à prouver qu'il ne doit rien.* On peut supposer qu'une compensation survenue a éteint sa dette, ou qu'une vérification plus exacte de ses affaires lui montre qu'il se croyait à tort débiteur. C'est ce que semble supposer la loi 5 *hoc :* « Quem pænitet bonis cessisse, potest, defendendo se, » consequi ne bona ejus veneant. »

II. Quand l'envoi en possession a été ordonné contre un absent ou un incapable non défendu, la satisfaction à accorder aux créanciers pour le faire cesser, n'est plus le paiement, mais la présence du débiteur, et sa défense par lui-même ou par un représentant :

1° Voyons d'abord le cas où l'envoi en possession a eu lieu contre un absent : Le débiteur devra, pour y mettre fin, se présenter pour se défendre, ou bien un tiers doit se présenter à sa place. La caution *judicatum solvi* est exigée dans ce cas (33, § 1, Dig. *de rebus auct. jud. poss.* 42, 5). Mais Cicéron semble dire qu'elle n'est exigée que si l'envoi a duré trente jours (*Pro Quinctio*, ch. 8). Il est probable que celui qui a été absent pour le service de la République *sine dolo*, c'est-à-dire sans avoir recherché cet emploi pour échapper à ses créanciers, n'est pas tenu de donner cette caution. C'est du moins ce qu'on peut induire de l'assimilation faite par la Table d'Héraclée, entre l'absent pour le service de l'Etat et l'ex-impubère, lequel n'a pas à donner cette caution.

Il est des cas où l'absent ne peut reprendre ses biens en se représentant, mais où il est obligé à payer le montant de la condamnation. Celui qui s'est absenté après la *litis contestatio* et a été condamné, ne peut purger la contumace par sa comparution, mais il est obligé au paiement (c. 13, § 3 , C. *de judic.* 3, 1.) Après l'abolition de la procédure formulaire, le débiteur peut purger la contumace en se représentant et en payant les frais du premier jugement (c. 2, C. *ubi in rem actio,* 3, 19). L'empereur Léon, revenant aux anciens principes, déclara que celui qui a été condamné par contumace était tenu de satisfaire à la condamnation, à moins qu'il ne justifiât que son absence a été déterminée par des motifs graves (Nov. 108). ⸗

2º L'envoi en possession a eu lieu contre un impubère *indefensus* : Dans ce cas il prendra fin lorsque l'impubère, devenu pubère, pourra se défendre lui-même, ou lorsqu'il le sera par un tiers. Le tiers est alors tenu de donner la caution *judicatum solvi.* « Si is pupillus in suam tutelam venerit, eave pupilla viri potens fuerit, et recte defendetur, eos qui bona possident, de possessione decedere jubebo. » (5, § 2; Dig. *Quibus ex causis,* 42, 4).

3º Si l'envoi en possession a été ordonné au profit des créanciers d'un adrogé non défendu, il faut induire des solutions données pour les cas précédents, qu'il prendra fin seulement lorsque l'adrogeant se présentera pour défendre.

Nous avons vu que l'envoi en possession pouvait être ordonné au profit des créanciers d'un défunt sans héritier, ou dont l'héritier est suspect. Dans ce cas, l'envoi en possession cesse par la vente en masse ou par la caution *judicatum solvi* donnée par l'héritier suspect.

III. En dehors des diverses satisfactions précédentes que le débiteur peut accorder aux créanciers pour faire cesser l'envoi en possession, nous devons étudier deux autres mesures qui produisent le même effet, sans venir, comme les précédentes, du fait du débiteur. Ce sont le concordat et le délai accordé par les créanciers ou par le Prince.

Le concordat est le traité intervenu entre le débiteur et les créanciers, d'après lequel ceux-ci se tiennent pour satisfaits avec partie de ce qui leur est dû. Il est *volontaire*, si tous les créanciers y consentent ; *forcé*, s'il est admis seulement par la majorité d'entre eux. Le concordat forcé ne pouvait avoir lieu qu'entre un héritier, débiteur du chef de son auteur, et les créanciers héréditaires. C'est là le concordat proprement dit en Droit romain.

Comment a-t-il pris naissance ? — Nous verrons que les créanciers héréditaires ont le privilége de la séparation des patrimoines, c'est-à-dire qu'ils peuvent demander à être payés sur le patrimoine du défunt, à l'exclusion des créanciers de l'héritier. Par suite de cette séparation des patrimoines, celui du défunt sera vendu aux enchères publiques et adjugé à un *bonorum emptor* qui s'engagera à payer à chacun des créanciers héréditaires un dividende. Or, c'est là ce que ces créanciers auront souvent intérêt à empêcher. Cette adjudication en effet est incommode, coûteuse et chanceuse : incommode, parce qu'elle nécessite l'administration des biens héréditaires, et, de plus, l'observance de délais et de formalités pour la vente ; coûteuse, car l'administration des biens, l'apposition des affiches pour la vente, la confection de la *lex bonorum vendendorum*, les enchères par le ministère d'un *præco*, ne se font pas sans frais ; chanceuse, parce qu'on court risque

5

de ne pas trouver de *bonorum emptor* qui consente à donner un dividende suffisant; nous verrons en effet que son opération était très-hasardeuse et que, par suite, il n'achetait le plus souvent qu'à vil prix. En présence de ces difficultés, les créanciers héréditaires ont tout intérêt à s'entendre avec l'héritier, à lui laisser les biens héréditaires et à le tenir pour quitte moyennant partie de ce qui leur est dû. Ils peuvent arriver ainsi à avoir un dividende plus fort que celui que promettrait un *bonorum emptor*. L'héritier en effet sera porté à faire des sacrifices pour l'accorder plus fort, afin de garder des biens qui peuvent avoir à ses yeux une valeur d'affection, afin d'empêcher les créanciers héréditaires de faire procéder à la révision des comptes et livres de son auteur, (15 pr. Dig. *De rebus auct.* 42, 5), afin de lui éviter l'infamie que l'insolvabilité et la vente en masse infligeraient à sa mémoire.

Il faut remarquer, en outre que le plus souvent l'héritier désigné par le testament ou par la loi, se trouvant en présence d'une succession insolvable, ne fera pas adition, ou usera du bénéfice d'abstention. Les créanciers héréditaires ont alors le même intérêt à le décider à prendre la succession à sa charge, moyennant leur engagement de se tenir pour satisfaits avec partie de ce qui leur est dû.

Telles sont les circonstances qui ont inspiré le pacte appelé *pactum de parte debiti non petenda*.

Quand il y a lieu à le faire intervenir, les créanciers se réunissent et délibèrent sur le parti qu'ils doivent prendre vis-à-vis de l'héritier institué ou appelé. Si tous consentent à une remise partielle, il est évident que cette décision sera obligatoire pour tous. Mais si tous ne sont pas présents ou consentants, la décision de la majorité ne sera imposable à la minorité que dans le cas où elle aura été ratifiée par décret du préteur.

Deux questions se présentent à résoudre : 1° Comment aura lieu la convocation des créanciers ? 2° Quelle est la majorité requise ?

La première de ces questions n'est résolue par aucun texte. Il est probable que la convocation avait lieu au moyen d'affiches. Les créanciers, dans les réunions où ils délibéraient sur le mode d'administration des biens, et où ils nommaient le *curator bonis datus*, devaient délibérer également sur les propositions concernant un concordat.

Quant à la seconde question, nous pouvons la résoudre d'après les règles énoncées dans la loi 8 au Digeste *de pactis* 2, 14. Cujas, (Tome 1, colonne 950, édition Fabrot), résume ainsi ces regles : « Vincit quantitas, non numerus ; » numerus, non dignitas ; dignitas, non humanior sen- » tentia. » C'est-à-dire : 1° Pour calculer la majorité, on a égard, non au nombre des créanciers, mais au montant de leurs créances. Peu importe quel est le nombre des porteurs des plus fortes ; dès le moment qu'ils représentent une plus forte somme, ils l'emportent sur les autres ; ceux-ci fussent-ils dix fois plus nombreux (8 et 9, §§ 1 et 2, Dig. *de pactis*, 2, 14). Cette règle est rationnelle et juste, car, puisqu'il s'agit d'une perte à subir, le plus intéressé doit avoir voix prépondérante. Le droit de chaque créancier à émettre un avis, n'a pas d'autre source que sa créance même ; et, dès lors, plus sa créance est forte, plus elle doit lui donner de droit à faire prévaloir son avis. Remarquons, en outre, qu'admettre une autre règle, serait favoriser la fraude, puisqu'un débiteur pourrait, en vue d'une insolvabilité future, contracter une foule de petites dettes envers des hommes sur la condescendance desquels ils compterait pour forcer la main, par leur nombre, aux plus forts créanciers. — 2º Si dans l'assemblée des créanciers, il se forme deux camps représentant chacun une égale somme de créance, alors seulement on à égard au nombre, et le camp le plus nombreux l'emporte. — 3º Si les deux camps, représentant chacun une égale somme de créance, sont également nombreux, celui-là l'emportera qui compte dans ses rangs quelque personne d'une haute condition sociale, *qui dignitate inter eos prœcellit.* — 4º Si, dans aucun d'eux, il n'y a personne d'une haute condition sociale, l'avis le plus doux *humanior sententia*, prévaut ; or, l'avis le plus doux est celui du concordat, puisqu'il évite la vente en masse, mesure de rigueur.

Nous devons examiner quelques questions relatives à la manière de déterminer le nombre des créanciers : — Si l'un d'eux décède laissant plusieurs héritiers, chacun de ces héritiers comptera pour une voix, quand on aura égard au nombre. Si plusieurs décèdent laissant un seul et même héritier, cet héritier ne comptera que pour une voix. (Arg. de la loi 9, § 1, Dig., *De pact.*, 2, 14). Le tuteur qui représenterait plusieurs pupilles, aurait certainement autant de voix qu'il a de pupilles créanciers. La raison en est que, dans ce cas, bien qu'il n'y ait qu'un seul homme, il y a plusieurs créanciers. Réciproquement, bien qu'il y ait plusieurs hommes, il peut n'y avoir véritablement qu'un seul créancier ; exemple, dans le cas de dette corréale (9, pr. Dig. *De pact.*, 2, 14), où la créance se consolide sur la tête de celui des *correi stipulandi*, qui réclame le premier. Dans l'assemblée des créanciers, celui-là seul aura une voix. Paul, (9, pr. *hoc*) suppose plusieurs pupilles créanciers corréalement et ayant le même tuteur. Il décide que le tuteur ne pourra exprimer qu'un seul suffrage, ce qu'il appuie sur cette considération qu'il est difficile de remplir le rôle de plusieurs personnages en même temps. La solution est incontestable, mais la raison qu'il en donne est inadmissible, car lorsqu'un tuteur représente plusieurs pupilles créanciers purs et simples, il joue le rôle de plusieurs personnages en même temps, comme nous venons de le voir.

Supposons un pacte de remise consenti avec un esclave héritier conditionnel de son maître, avant l'avénement de la condition. Ulpien, (7, § 18, Dig. *De pact.*, 2, 14) détermine quels seront ses effets : Il est clair que le pacte fait par l'esclave héritier pur et simple est valable : « Suum » heredem et servum necessarium pure scriptos, pacis- » centes, priusquam se immisceant (Marcellus) putat » recte pacisci; quod verum est. » Mais le pacte consenti par l'esclave héritier sous condition, avant l'avénement de la condition, ne sera pas valable en principe. En effet, on considérait, dans ce cas, que la liberté datait seulement du moment de la réalisation de la condition, sans effet rétroactif, car on n'admettait pas un semblable effet relativement à la qualité d'esclave ou d'homme libre. Dès lors, comment l'affranchi pourrait-il, en principe, tirer profit des actes faits durant sa servitude? Quand les créanciers, sans égard pour le pacte, réclameront l'entier montant de leur créance, l'affranchi ne pourra donc pas leur opposer

l'exception *pacti conventi*. C'était l'opinion de Marcellus,
adoptée par Ulpien (*loco cit.*). — Mais aura-t-il l'exception
doli? Marcellus et Ulpien pensent que cette exception ne
peut pas plus lui être refusée qu'au fils de famille qui,
étant *sui juris*, a consenti un pacte de remise avec les
créanciers de son père ; ce fils, devenu *sui juris*, et ayant
pris la succession à sa charge, pourra se prévaloir du
pacte de remise au moyen de l'exception *doli*. Or, la situation de l'affranchi n'est-elle pas la même ?

L'affranchi, comme le fils de famille, ne pourra opposer
cette exception *doli* qu'à ceux qui ont consenti le pacte.
Les créanciers qui étaient absents ou non consentants, ne
seront tenus de subir aucune réduction

A quels créanciers le *pactum de parte debiti non petenda*
est-il opposable ? Nous avons vu qu'il est opposable même
aux créanciers qui étaient absents ou non consentants ;
mais il faut pour cela qu'il ait été homologué par le préteur, qui rendait un décret *cognita causa* (7, § 19, Dig.
De pactis., 2, 14. — 23, *quœ in fraudem credit.*, 42, 8).
Un rescrit de Marc-Aurèle avait déclaré le pacte opposable
aux créanciers non consentants, mais il supposait qu'ils
avaient tous été présents. Après quelques controverses, on
assimila les absents aux non consentants. Ulpien regarde
la question comme résolue.

Le pacte de remise est-il opposable aux créanciers hypo-
thécairés ? Quand ils ont été présents à l'assemblée des
créanciers et qu'ils ont pris part au pacte, il leur est opposable, aussi bien que s'ils étaient créanciers chirographaires. Ils conserveront seulement leur hypothèque pour le paiement du dividende qui leur est promis. S'ils n'ont pas pris

part au pacte, soit qu'ils n'y aient pas consenti, soit qu'ils aient été absents, ils conservent l'intégralité de leur droit (Arg. de la l. 10, pr. Dig. *De pactis*, 2, 14. — 58, § 1, *Mandati*, 17, 1).

Quid, à l'égard des créanciers privilégiés ? — Deux textes résolvent cette question chacun d'une manière différente. Ulpien dit (10 pr. Dig *De pactis*, 2, 14) : « Sed an » et privilegiariis absentibus hæc pactio noceat eleganter » tractatur... Et repeto, ante formam a divo Marco datam, » divum Pium rescripisse fiscum quoque in his casibus in » quibus hypothecas non habet, et cœteros privilegiarios » exemplum creditorum sequi oportere. » Suivant Ulpien, les créanciers privilégiés sont donc astreints à se contenter du dividende convenu entre l'héritier et la majorité. Paul paraît résoudre la question dans un sens contraire (58, § 1, Dig *Mandati*, 17, 1) : Il suppose qu'un débiteur a procuré à son créancier un *mandator pecuniæ credendæ* comme caution, et il dit que le pacte de remise intervenu postérieurement n'enlève pas au créancier le bénéfice de l'option, pas plus qu'il ne lui enlèverait celui d'un gage, ou d'un privilége : «... Cum proponas eum (creditorem) affuisse, » iniquum est auferri ei electionem, sicut pignus, aut pri- » vilegium... » L'antinomie entre ces deux textes a reçu l'explication suivante : Les créanciers privilégiés seront assimilés aux chirographaires, en ce sens qu'ils devront se contenter du dividende convenu ; ils conserveront leur privilége, en ce sens qu'ils pourront s'en prévaloir pour se faire payer ce dividende. — Mais Paul, dans la loi 58, § 1, met le privilége sur la même ligne que le *pignus;* or, il faut croire que le *pignus* était comme l'hypothèque, c'est-à-dire qu'il avait pour effet d'empêcher le créancier d'être réduit à un dividende. La loi 10, pr. Dig. *De pactis*, 2, 14, ne met pourtant en dehors de la règle commune que les créanciers *qui hypothecas non habent*, mais il me parait évident qu'il faut aussi y placer ceux qui ont un gage. D'ailleurs, de la loi 58, § 1, il résulte une assimilation entre le créancier privilégié et celui dont la créance est nantie d'une caution ; or, cette même loi 58, § 1, se demande si ce dernier pourra se voir opposer par la caution l'exception *pacti conventi*, c'est-à-dire s'il pourra se voir réduire par elle à un dividende ? Oui, répond Paul, *si præsens apud Prætorem concensit* ; ce qui laisse croire qu'il n'en sera pas ainsi, c'est-à-dire qu'il pourra obtenir de la caution la totalité de sa créance, s'il a été absent. Donc la loi 58, § 1, dit incontestablement que le créancier privilégié absent ou non consentant ne pourra pas être réduit à un simple dividende. — L'antinomie entre ce texte et la loi 10, pr. *De pactis* existe donc réellement, sans qu'on puisse la lever par une explication spécieuse.

Un délai pour le paiement peut être accordé au débiteur par les créanciers ou par le Prince :

1° *Par les créanciers* (c. 8, C. *qui bonis cedere possunt*, 7, 71) : Il est dit *volontaire*, quand tous sont d'accord pour y consentir ; *forcé*, quand il est accordé par la majorité d'entre eux. La décision, comme dans le cas de pacte de remise, appartient à la majorité en somme ; c'est seulement dans le cas où il y a égalité des sommes qu'on considère la majorité en nombre. Ces majorités sont calculées abstraction faite de la qualité de chirographaire ou d'hypothécaire. — Aucun délai ne pourrait être accordé par les créanciers, 1° si l'insolvabilité du débiteur provenait de sa faute ; 2° s'il n'y avait pas insolvabilité. La minorité des créanciers, en effet, ne peut être contrainte à subir un délai quand le débiteur est en état de payer.

2° *Par le Prince :* Ce délai est appelé *moratorium* ; l'empereur seul peut l'accorder. Le magistrat et le juge n'ont pas le même pouvoir. Il est généralement d'une durée de cinq ans, c'est pourquoi les lettres du Prince qui l'accordent sont appelées *litteræ induciæ quinquennales.* Pour les obtenir, le débiteur doit prouver : 1° Que son insolvabilité ne vient pas de sa faute ; 2° que le délai doit empêcher sa ruine.

Dans tous les cas où il n'intervient pas un des faits juridiques que nous venons d'étudier, la vente en masse ne suivra pas pour cela toujours l'envoi en possession. Les distinctions à faire en cette matière feront l'objet d'un des chapitres suivants.

Seconde Partie

De la vente en masse des biens du débiteur.

Cette seconde partie comprendra l'étude des matières suivantes :

1º Cas dans lesquels on procède à la vente en masse.
2º Répartition de la masse.
3º Procédure de la vente.
4º Effets de cette vente.
5º Voie d'exécution qui l'a remplacée quand elle a disparu.

CHAPITRE PREMIER

Cas dans lesquels on procède à la vente en masse.

Sauf les cas où l'envoi en possession cesse par l'un des faits juridiques ci-dessus étudiés, on procède toujours à la vente après une *condemnatio*, une *confessio in jure* ou une cession de biens (G. III, § 78).

En est-il de même si l'envoi en possession a été ordonné contre un absent non défendu? — Il faut distinguer s'il y a *latitatio* ou simple absence.

1° S'il y a *latitatio*, on peut procéder à la vente, *si res exegerit*, c'est-à-dire s'il y a péril en la demeure, (7 § 1 Dig. *quibus ex causis*, 42, 4 — 21, § 2, Dig. *ex quibus causis maj*. 4, 6). Qu'est-ce que la *latitatio*? C'est l'absence prolongée du débiteur, dans l'intention d'éviter les poursuites de ses créanciers (7 § 8, Dig. *quibus ex causis*, 42, 4 — 7 § 5 *hoc*). Il importe peu qu'à cette intention viennent se joindre d'autres motifs et que ces motifs soient honnêtes ou qu'ils ne le soient point (7, § 4 et 6, *hoc*). Peu importe encore que le débiteur *latitans* mette entre ses créanciers et lui une grande distance; il suffit qu'il se cache, habitât-il même la même ville (7, § 13, *hoc*). La *latitatio* n'existe qu'à l'égard des créanciers dont le débiteur évite les poursuites; ceux-là seuls peuvent demander la vente: « Cumque solum posse hinc venditionem impetrare » adversus quem latitetur. » (7, § 7, *hoc*).

2° S'il y a simple absence (et nous entendons par là l'absence sans l'intention d'éviter les poursuites des créanciers), il faut distinguer si l'absent a contracté l'engagement de comparaître ou s'il ne l'a pas contracté.

Cet engagement peut avoir été pris lors de la *in jus vocatio*; il peut y avoir eu *vadimonium*. Nous pouvons induire de l'édit du Préteur que la vente était alors possible : « in bona ejus qui judicio sistendi causa fidejussorem » dedit : si neque potestatem sui faciet, neque defende- » retur, iri jubebo. » (2 pr. *eod.*). Ce texte ne parle que de l'envoi en possession, mais l'assimilation que fait Ulpien entre le débiteur *qui latitat* et celui *qui absens non defenditur*, nous permet de l'appliquer à la vente.

Si l'absent n'a pas contracté l'engagement de comparaître, les créanciers envoyés en possession ne peuvent arriver jusqu'à la vente : « Si vero non latitent, licet non de-» fendantur, in bona tantum mitti.» (21, § 2, Dig. *ex quibus causis maj.* 4 . 6). On fait pourtant exception à cette règle quand il y a péril en la demeure pour les créanciers (7, § 11, Dig. *quibus ex causis*, 42, 4). Cette exception elle-même semble ne pas être admise quand le service de l'Etat ou la captivité chez l'ennemi est le motif de l'absence (6, §§ 1 et 2, *hoc*).

La vente a lieu contre le débiteur présent, s'il refuse de se défendre : « Non defendere videtur, non tantum qui » latitat, sed et is qui præsens negat se defendere, aut » non vult suscipere actionem.» (52, Dig. *de reg. jur.* 50. 17).

Si l'envoi en possession a eu pour objet les biens d'un pupille *indefensus*, les créanciers pourront faire procéder à la vente avant sa puberté (6, § 1, Dig. *quibus ex causis*, 42, 4). Il en est ainsi soit que la dette soit née en la personne du pupille , soit qu'elle provienne d'une succession, à laquelle il s'est immiscé dans le cas où il est héritier sien et nécessaire, ou à laquelle il a fait adition dans le cas où il est héritier externe. — Les créanciers d'une succession dévolue au pupille peuvent seuls échapper à la nécessité d'attendre la puberté ; la ressource qui leur est donnée pour cela est la séparation des patrimoines. Par cette mesure, il se feront envoyer en possession et feront procéder à la vente des biens héréditaires seulement.

Si l'envoi en possession a eu lieu contre un incapable

indefensus qu'il soit *furiosus*, prodigue ou mineur de vingt-cinq ans, la vente n'est possible que s'il y a urgence et péril en la demeure pour les créanciers (7, § 11, *hoc.* — 7 § 12, *eod.*). Cependant la l. 5, Dig. *de rebus auct. jud. poss.* 42, 5, déclare la vente possible, sans restriction. Mais je crois que ce texte vise seulement le cas d'urgence. — La vente d'objets particuliers et qui peuvent dépérir est seule permise comme mesure d'administration (7, § 10, Dig. *quibus ex causis*, 42, 4 — 1 §§ 19 et 20 Dig. *de vent. in poss. mitt.* 37, 9).

L'indefensus peut être un adrogé que l'adrogeant ne vient pas défendre. Les créanciers dans ce cas, peuvent toujours procéder à la vente après avoir obtenu la *restitutio in integrum* (G. III, § 84 — inst. de Just. III, t. x § 3).

La vente des biens du débiteur décédé sans héritier, suit toujours l'envoi en possession (G. III, § 78). — S'il y a un héritier pur et simple, la vente ne pourra avoir lieu qu'après l'expiration du délai pour faire inventaire et délibérer. Si l'héritier est institué sous une condition casuelle et s'il déclare ne devoir pas profiter de son avénement, la vente sera possible (1 pr. et § 1, Dig. *de curat. bon. dando.* 42, 7). S'il est institué sous une condition potestative, le magistrat lui fixera un délai pour prendre parti et réaliser la condition. Faute par lui de l'avoir réalisée à l'expiration de ce délai, les créanciers pourront faire procéder à la vente (4 pr. Dig. *de rebus auct. jud. poss.* 42, 5).

CHAPITRE II.

Répartition de la masse des biens.

Avant de nous occuper des formes de la vente en masse, nous devons nous demander quels biens elle comprendra, et quelles valeurs devront au contraire en être défalquées, avant d'y procéder.

La vente offre cette différence avec l'envoi en possession, que celui-ci porte sur tous les biens du débiteur, sur l'entier patrimoine, tandis que la vente au contraire ne porte sur ces biens que déduction faite des droits de certaines personnes.

Afin d'exposer plus clairement cette répartition de la masse, nous allons étudier successivement les différentes espèces de créanciers et nous demander quels sont leurs droits sur elle.

§ Ier. — Des revendiquants.

A proprement parler, ceux-ci ne sont pas tous des créanciers, mais des propriétaires, des titulaires de droits réels. Ce sont ceux qui revendiquent contre la masse l'exercice d'un droit de propriété ou de tout autre *jus in re*. Ils demandent qu'un objet soit retiré de la masse à leur profit, ou tout au moins que leur droit puisse s'exercer sur cet objet indépendamment des droits des créanciers au profit desquels va s'effectuer la vente.

Sont dans cette catégorie ceux qui poursuivent par la revendication le recouvrement d'un objet leur appartenant. Cet objet peut se trouver dans la masse comme leur ayant été soustrait par le débiteur, ou comme ayant été acheté par lui *a non domino*. Seraient également sujets à revendication, les objets achetés à crédit par le débiteur et dont le vendeur se serait réservé la propriété jusqu'au paiement; et ceux qu'il a achetés au comptant et qu'il n'a point payés.

La femme peut agir quant à ses biens dotaux ou paraphernaux, puisque le mari est en déconfiture (c. 29 et 30, C. *de jure dotium*, 5, 12); les militaires, quant aux objets achetés par le débiteur avec l'argent provenant de leur pécule *castrens*, lorsqu'ils n'ont pas d'autre manière de se payer. Les objets achetés par le débiteur avec les deniers de son pupille, peuvent être aussi réclamés par celui-ci, s'il ne peut se rembourser autrement. Les objets achetés par le débiteur avec les deniers des églises et établissements de bienfaisance dont il est administrateur, sont sujets à la même revendication.

Une succession détenue par le débiteur *pro herede* ou *pro successore* peut être réclamée contre les créanciers par celui qui a fait adition d'hérédité. Un droit de servitude, d'emphythéose ou de superficie peut être opposé aux créanciers par l'action confessoire de servitude ou par une action réelle utile. L'objet hypothéqué par un propriétaire antérieur au débiteur, peut être retiré de la masse sur l'action hypothécaire du créancier auquel il est affecté.

§ II. — Des séparatistes.

On appelle ainsi des créanciers qui demandent qu'une partie des biens du débiteur soit défalquée à leur profit, afin qu'ils puissent se payer sur cette partie à l'exclusion des autres créanciers personnels du débiteur (1, § 1, Dig. *de separat.*, 42, 6). Cette défalcation se nomme *séparation des patrimoines.* Elle est demandée par les créanciers d'une succession contre ceux de l'héritier. Elle peut être également demandée par les légataires (4, § 1, *eod.*). Par l'effet de la séparation des patrimoines, les biens héréditaires sont séparés de la masse au profit des créanciers chirographaires du défunt, même au préjudice de ceux à qui le débiteur, héritier du défunt, les aurait hypothéqués. C'est ce que dit Ulpien dans la l. 1, § 3, *eod.* : « Scien-
» dum autem etiamsi obligata res esse proponatur ab
» herede jure pignoris vel hypothecæ, attamen si heredi-
» taria fuit, jure separationis hypothecario creditori potio-
» rem eum esse, qui separationem impetravit, et ita Se-
» verus et Antonius rescripserunt. » Texte qui semble contredire la règle posée par Papinien dans la l. 2, *eod. titulo* : « Quæ bona fide medio tempore per heredem gesta
» sunt, rata conservari solent. » Il est probable que la règle posée par Papinien fut la première admise, mais que les empereurs cités par Ulpien la négligèrent dans le cas de constitution d'hypothèque, désireux qu'ils étaient de venir le plus possible en aide aux créanciers héréditaires.
— Ces créanciers ont cinq ans à partir de l'adition d'hérédité, pour demander la séparation (1, § 13, *hoc*).

Par suite de cette séparation, l'hérédité défalquée de la masse constitue par elle-même une seconde masse. Chaque classe de créanciers se paiera sur celle qui lui revient « *et sic quasi duorum fieri venditionem* » dit Ulpien (*loc. cit.*). Après que les créanciers séparatistes auront été désintéressés sur la masse qui leur revient, le restant, s'il y en a un, sera attribué à l'autre masse, comme appartenant au débiteur (1, § 17, *eod.*). Mais si les biens héréditaires ne suffisent pas pour désintéresser entièrement les créanciers du *de cujus*, ceux-ci pourront-ils concourir, pour le restant, avec les créanciers de l'héritier, sur la masse qui revient à ces derniers? La négative est certaine. La loi 3, § 2, Dig. *de separat.*, 42, 6, dit formellement que les séparatistes ne pourront s'adresser à l'héritier que « *si proprii creditores heredis fuerint dimissi.* » — Paul et Ulpien déclarent même que, dans aucun cas, ils ne pourront s'adresser à l'héritier (1, § 17 et l. 5, *hoc*). — Ces lois s'occupent de la question de savoir si l'héritier est obligé vis-à-vis des séparatistes non intégralement désintéressés par la vente des biens héréditaires. Papinien, dans la l. 3, § 2 *de separatio.* précitée, se prononce pour l'affirmative; Paul et Ulpien pour la négative. Si on admet l'affirmative, les créanciers héréditaires auront un droit sur la masse des biens personnels de l'héritier, mais non pas à l'encontre de ses créanciers personnels, c'est-à-dire qu'ils ne pourront exercer ce droit que lorsque ceux-ci auront été entièrement désinéressés. Si, au contraire, on admet l'opinion de Paul et d'Ulpien, les séparatistes seraient toujours exclus de tout droit sur la masse des biens de l'héritier et sur les valeurs provenant de la vente qui en sera faite. — Il n'est pas possible d'expliquer l'antinomie existante entre les textes précités autrement qu'en croyant à une divergence d'opinion entre les jurisconsultes Romains. La raison et les principes du droit me semblent se réunir pour appuyer l'affirmative, car la séparation des patrimoines n'efface pas l'adition d'hérédité, dont il est difficile, dès-lors, des méconnaître les conséquences.

Les créanciers personnels de l'héritier ne peuvent demander la séparation des patrimoines contre les créanciers de la succession à laquelle leur débiteur a fait adition (1, §§ 6 et 18, *hoc*). Mais ils ont l'action Paulienne pour faire rescinder cette adition, si elle a été faite en fraude de leurs droits. C'est en ce sens qu'il faut entendre la l. 1, § 5, Dig. *de separat.*, 42, 6, bien qu'elle ne le dise pas formellement.

Une sorte de séparation, non plus de patrimoines, mais de catégories de créanciers, peut encore s'opérer, nous dit Ulpien (l. 1, § 9, *hoc.*), en faveur des créanciers d'un fils de famille militaire et ayant un pécule *castrens*, quand ils ont contracté avec lui depuis l'acquisition de son pécule. Ils obtiennent alors que ce pécule soit spécialement affecté à leur créance, au préjudice de ceux qui auraient contracté avant l'acquisition de ce pécule, ou qui auraient contre le père l'action *de in rem verso*.

Le fils de famille est considéré, relativement à son pécule *castrens*, comme un véritable *paterfámilias* (2, Dig. *de Sen. cons. Macedon.*, 14, 6). Si donc ses créanciers s'en font envoyer en possession, les *castrenses creditores* auront un droit de préférence sur les autres. Ce ne sera pas une séparation entre deux patrimoines, car le débiteur, qui est *filiusfamilias* n'en a qu'un seul, son pécule *castrens*. On ne peut donc parler ici de séparation de patrimoines, comme le font un grand nombre d'auteurs. Il n'y a qu'un droit de préférence dans la répartition d'un seul et même patrimoine. La séparation se fait donc, non pas entre des patrimoines, mais entre des catégories de créanciers. Si le débiteur était devenu *sui juris* on comprendrait la séparation entre son pécule et le reste de ses biens, mais nous ne sommes plus alors dans l'hypothèse de la loi 1, § 9, *loco cit.*

Quand un esclave a fait deux commerces séparés, les créanciers envers lesquels il s'est obligé à l'occasion de l'un d'eux, peuvent demander la séparation des valeurs afférentes à ce commerce, pour être payés sur elles à l'exclusion des autres créanciers (5, §§ 15 et 16, Dig. *de tributoria actione* 14, 4). Cette séparation est obtenue par l'action *tributoria*.

§ III. Des créanciers privilégiés.

Nous rangeons dans cette classe tous ceux qui ne sont pas simplement chirographaires. Une défalcation sur la masse ne se fera pas toujours en leur faveur, avant la vente; mais, s'ils n'ont été déjà désintéressés, ils auront droit à être intégralement payés sur le prix, avant que les chirographaires puissent y rien prétendre. Sans doute l'adjudicataire, comme nous le verrons, s'engage à payer seulement un dividende à chaque créancier, au *prorata* de sa créance; mais, comme l'envoi en possession n'a pas fait disparaître les droits des privilégiés, il faut reconnaître qu'ils toucheront leur paiement intégral avant que les chirographaires ne touchent leur dividende. — Ces créanciers sont : 1° Ceux qui ont fourni ce qui était nécessaire aux funérailles du débiteur (quand le concours s'ouvre sur les biens d'un défunt). C'est là la première classe ; les autres ne pourront prétendre au paiement que lorsque celle-ci aura été entièrement désintéressée (17 pr. *de rebus auct. jud*, 42, 5). 2° Ceux qui ont une hypothèque légale ou conventionnelle privilégiée. Les hypothèques légales privilégiées sont celle du fisc et celle que Justinien a donnée à la femme pour sa dot et dont elle ne peut se prévaloir qu'autant qu'elle agit elle-même, ou tout au moins ses enfants du premier lit en concours avec une seconde femme. — Les hypothèques conventionnelles privilégiées sont : celle stipulée par le vendeur sur la chose vendue jusqu'au paiement du prix d'achat ; celle du vendeur de matériaux sur l'édifce auquel ils ont servi, et d'une manière plus générale, celle du prêteur de fonds sur la chose à laquelle ils auront été employés (l. l. 17, 24, 26, 34, 37, *cod.*). 3° Ceux qui ont une simple hypothèque. L'antérieure prime la postérieure. Celle dont on peut établir la date *ex instrumento publico* prime celle dont la date n'est constatée que par un acte sous seing privé. A même date, les créanciers concourent sur le pied d'égalité. 4° Ceux qui ont le *privilegium exigendi*, c'est-à-dire les créanciers chirographaires privilégiés. La plupart sont ceux qui obtinrent plus tard une hypothèque privilégiée ; ainsi la femme-mariée et le fisc.

Les créanciers ci-dessus ont été énumérés dans l'ordre dans lequel ils exerceront leurs droits. Chacune de ces classes se verra primer par celle qui la précède.

Enfin, au dernier rang se placent les créanciers chirographaires. Ce sont ceux qui n'ont pas de cause de préférence venant des règles ci-dessus, et qui sont admis au concours sur la masse.

Mentionnons encore quelques créanciers plus mal partagés que tous les autres : ce sont ceux qui ne peuvent rien réclamer dans la répartition de la masse. Ils sont donc exclus du concours. De ce nombre sont les créanciers d'aliments ; les enfants à établir, suivant le Droit romain, créanciers de leur dot ; la femme créancière de son douaire ; enfin tout créancier naturel.

CHAPITRE III.

Procédure de la *venditio bonorum*.

Gaius (III, §§ 79 et 80) et Théophile (tit. *de success. subl.*) décrivent les formes de la vente.

Trente jours, si le débiteur est vivant, et quinze jours seulement, s'il est mort, écoulés après l'envoi en possession, le magistrat convoque les créanciers connus, à l'effet de désigner un ou plusieurs d'entre eux chargés de procéder à la vente. Ces délégués portent le nom de *magister bonorum vendendorum*. Ils ne doivent pas être confondus avec les *curatores bonis dati* ; leurs fonctions ne sont pas les mêmes, puisqu'ils ont pour mission de vendre les biens, tandis que les autres devaient les administrer. Il y a encore entre ces deux sortes d'agents, cette notable différence que les curateurs aux biens sont nommés par cela seul qu'il y a envoi en possesion, tandis que les *magistri bonorum vendendorum* sont nommés seulement s'il y a vente. Ajoutons encore que le moment de la nomination des uns et de celle des autres diffère, puisque les uns sont nommés aussitôt après l'envoi en possession, et les autres après le délai de trente ou de quinze jours. Les premiers présentent quelque analogie avec les syndics provisoires de notre droit commercial (art. 462, c. com.), et les seconds avec les syndics définitifs (art. 468 à 478 cod. com.).

Après la nomination du *magister* ou *magistri bonorum vendendorum*, le magistrat, dit Théophile, ordonne la *proscriptio* ou apposition d'affiches. Suivant Gaius, cette *proscriptio* aurait déjà été ordonnée en même temps que le décret d'envoi en possession a été rendu. Mais l'ordre indiqué par Théophile nous semble plus admissible : la *proscriptio*, en effet, avait pour but d'appeler les acheteurs ; l'affiche portait : « Ille debitor noster in eâ causâ est ut bona ejus divendi debeant. Nos creditores patrimonium ejus distrahimus. Quicumque emere velit, adesto. » On ne comprendrait guère que l'apposition de telles affiches appelant ainsi les acheteurs, fût ordonnée au moment de l'envoi en possession, puisque la vente n'a pas toujours lieu après, soit que des dispositions légales l'empêchent, soit que le débiteur la prévienne par le paiement ou par une satisdation. Les affiches seraient donc prématurément apposées au moment de l'envoi en possession.

Quelques jours après, les créanciers dressaient et affichaient, avec l'autorisation du magistrat, la *lex bonorum*

vendendorum, sorte de cahier des charges qui portait :
« Ea quicumque emerit, creditoribus in dimidiam partem
» eorum quæ ipsis debentur, respondere debet, sicut cui
» centum aurei debentur accipiat quinquagenta, et cui du-
» centi, accipiat centum.» Outre cette formule, la *lex bonorum vendendorum* devait désigner les créanciers, indiquer
le chiffre de leurs créances et les biens du débiteur. Cet état
était indispensable afin que ceux qui voulaient se porter
adjudicataires pussent calculer, d'après la valeur des biens,
le dividende qu'ils pourraient offrir à chaque créancier. Il
est probable que les créanciers qui ne se présentaient pas
pour se-faire inscrire dans la *lex bonorum vendendorum*
étaient forclos, car il ne faut pas que l'adjudicataire puisse
être trompé dans le calcul du dividende. Mais, en propo-
sant cette solution, nous supposons des créanciers chirographaires. Il n'en serait plus de même, comme nous le
verrons, s'ils étaient hypothécaires. — Cette forclusion,
d'ailleurs, ne se produira qu'à l'égard et au profit du *bonorum emptor*, et non du débiteur exproprié qui pourra
être attaqué plus tard *ex ante gesto* dans les cas que nous
spécifierons.

Après la nomination du *Magister*, il est sursis à la vente
pendant un nouveau délai de trente jours, si le débiteur est
vivant; de vingt jours, s'il est décédé.

Le motif de ces délais est de se rapprocher le plus possible de l'ancienne procédure appelée *manus injectio*. Ils
sont plus longs quand le débiteur est vivant, afin de lui
laisser plus de temps pour trouver un fidéjusseur, ou pour
décider ses créanciers à accepter un concordat, ou enfin pour
se préparer tout autre moyen qui puisse prévenir la vente.

Un passage de Cicéron (*pro Quinctio* ch. xv) indique
que la vente avait lieu aux enchères publiques : « De quo
homine præconis vox prædicat et pretium conficit. »

Les biens sont adjugés au plus fort enchérisseur, c'est-
à-dire à celui qui s'engage à payer le plus fort dividende.
A offres égales, la préférence est donnée à un créancier
plutôt qu'à celui qui ne l'est pas, à un parent du débiteur
plutôt qu'à un étranger (16 Dig. *de rebus auct. jud. poss.*
42, 5).

Si le débiteur a plus de biens que de dettes (ce qui pourra
arriver souvent quand il est incapable *indefensus*), l'excédant, après le paiement intégral fait aux créanciers, ap-
partiendra au débiteur. La loi 7, § 11, Dig. *quibus ex causis*
42, 4, le dit pour le *furiosus*, et la loi 6. pr. Dig. *de rebus
auct. jud. poss.* 42, 5, le dit pour le pupille.

CHAPITRE IV.

Effets de la *venditio bonorum*.

La vente produit des effets à l'égard 1º du *bonorum
emptor*; 2º du débiteur exproprié ; 3º des créanciers.

§ Iᵉʳ. — Effets relatifs au Bonorum emptor.

La vente est pour lui génératrice de droits et d'obligations.

I. Voyons d'abord quels sont les droits qui en naissent

à son profit : — Il acquiert l'*in bonis* sur les biens qui lui ont été adjugés (G. III, § 80), et non le *dominium ex jure quiritium*, comme le *bonorum sector*. La *venditio bonorum* est en effet une mesure prétorienne; elle ne peut donc donner que la propriété prétorienne. Gaius le déclare; mais il paraît ajouter (III, § 80) — autant du moins qu'on peut en juger d'après les quelques mots qui restent de ce passage du manuscrit mutilé ou effacé, — qu'il y a pourtant un cas où le *bonorum emptor* acquiert la propriété civile· Quel cas Gaius visait-il dans ces quelques lignes? On peut croire vraisemblablement avec M. Blondeau, que c'est celui où le débiteur a fait cession de biens, car la cession est une institution de Droit civil. La suite du manuscrit aurait donc porté : « Si per eos acceperint bonorum emptores, qui bonis ex lege Julia cesserunt. »

Pour se faire mettre en possession des objets composant le patrimoine, le *bonorum emptor* a l'interdit possessoire (G. IV, §§ 144 — 146), de même que le *bonorum sector* avait l'interdit *sectorium*.

Le *bonorum emptor* peut-il, puisqu'il a l'*in bonis*, recourir à la Publicienne pour se faire mettre en possession des objets composant le patrimoine? — Non, car il n'a pas encore possédé. Mais il aura une action fictice que lui donnera le Préteur, comme nous allons le voir (G. IV, § 35).

Les actions qui appartenaient au débiteur passent au *bonorum emptor*. Il faut en excepter pourtant celles qui sont exclusivement personnelles au débiteur, ainsi une créance d'aliments, et le droit aux *operæ* de l'affranchi (40, Dig. *de operis libert*. 38, 1).

Comment le *bonorum emptor* exercera-t-il les actions de

la masse? Il a, non une action directe, mais une action utile que lui donne le Préteur. A cet effet, le Préteur Rutilius, qui a établi la *venditio*, a aussi établ la formule dite *Rutilienne*, dans laquelle le nom du débiteur exproprié est placé dans l'*intentio*, et celui du *bonorum emptor* dans la *condemnatio*. Exemple : « Si paret Numerium » Negidium Lucio Titio sestertium decem millia dare » oportere ; Judex, Numerium Nigidium Aulo Agerio » sestertium decem millia condemna. » Dans cette formule Lucius Tertius est le débiteur exproprié, Aulus Agerius est le *bonorum emptor*, et Numerius Negidius est le tiers débiteur. — Si au lieu d'une action personnelle à exercer, il s'agissait d'une action réelle, la formule serait conçue d'une manière analogue. Exemple : « Si paret fundum Capenatem Lucii Titii esse ex jure Quiritium, » quanti ea res erit, judex tantam pecuniam Numerium » Negidium Aulo Agerio condemna. » — On voit que cette formule Rutilienne a été copiée par le Préteur sur celle qu'il délivre au *procurator ad litem*. Le Préteur Rutilius suppose que le *bonorum emptor* est *procurator ad litem* du débiteur exproprié.

Après la formule Rutilienne vint la formule Servienne, inventée par le Préteur Servius, probablement, à l'origine, pour le cas de vente des biens d'un défunt. Il est évident que lorsque le débiteur dont on exproprie le patrimoine, est décédé, on ne pouvait plus supposer le *bonorum emptor* son *procurator ad litem*, et on ne pouvait plus placer son nom dans l'*intentio*. Il fallut donc inventer une autre formule par laquelle on supposât le *bonorum emptor* héritier du débiteur. Puis on étendit cette formule aux cas de vente des biens d'un débiteur vivant. Le Préteur Servius en a pris le modèle dans la *sectio bonorum.*

Le défendeur à l'action intentée par le *bonorum cmptor,* peut opposer la *deductio,* c'est-à-dire la compensation. Cette *deductio* peut être faite par le juge ; il n'est pas nécessaire qu'elle le soit par le demandeur. Sur ce point, le *bonorum emptor* n'est pas dans la position de l'*argentarius* qui perdait son procès par suite de *plus petitio,* s'il avait demandé le montant intégral de sa créance, sans en déduire ce qu'il devait lui-même au défendeur. — La *deductio* peut être opposée au *bonorum emptor* par le défendeur, même si la créance de celui-ci n'est pas exigible, ni liquide, ni de choses fongibles avec celle du demandeur (G. IV, §§ 65, 68). Dans ce cas et dans celui ou la *deductio* n'aura pas été opérée par le *bonorum emptor* lui-même, la *condemnatio* de la formule sera *incerta,* avec la restriction : *deducto eo...*

Cette *deductio* sera-t-elle opposée pour le montant intégral de la créance du défendeur ? Il faut croire, dans le silence des textes, qu'elle le sera seulement dans la proportion dans laquelle l'adjudicataire s'est astreint à payer les créanciers. D'après les principes que nous avons émis, il faudrait même aller jusqu'à dire que la *deductio* ne sera possible, c'est-à-dire que la créance du défendeur ne sera opposable au *bonorum emptor* demandeur, que si elle a été mentionnée dans la *lex bonorum vendendorum.*

II. Quelles sont les obligations qui naissent pour le *bonorum emptor* du fait de la vente ? — Il est sujet aux actions sous forme utile, des créanciers de la masse ; mais il a l'exception *pacti conventi* pour les faire réduire au dividende convenu (G. III, § 84).

§ 2. — **Effets de la venditio relatifs au débiteur.**

Les uns se produisent contre lui, et les autres en sa faveur.

I. CONTRE LUI, — L'INFAMIE ET TOUTES SES CONSEQUENCES. — Le débiteur peut s'ysoustraire en faisant cession de biens (c. 11, C. *ex quibus causis inf. irrog.* 2, 12). — Ce résultat paraît bien dur et inique quand le débiteur est un incapable *indefensus*, aussi est-il probable que l'infamie ne se produisait pas alors contre lui. Ce qui me le fait croire c'est qu'elle avait rencontré des contradicteurs, nous dit Gaius, quand il s'agissait d'un esclave héritier nécessaire d'un maître insolvable, et Théophile ajoute que l'opinion la plus sévère avait prévalu, appuyée sur cette considération que le malheur de l'infamie était compensé pour l'esclave par l'avantage de la liberté : « habet autem hujus infamiæ » pretium servus. » (Théophile, *De hered. qual. et diff.*) Or cette considération n'existe plus quand il s'agit d'un incapable *indefensus*; le mal de l'infamie ne sera compensé pour lui par aucun avantage. Cet incapable est d'ailleurs un citoyen Romain et il est naturel de croire qu'on le traite avec plus de ménagements et de respect qu'un esclave. Si une controverse s'était établie à propos de l'infamie infligée à celui-ci, n'est-il pas vraisemblable que tout le monde devait être unanime pour ne pas l'infliger à celui-là ?

II.* EN FAVEUR DU DEBITEUR EXPROPRIE, LA *VENDITIO* PRODUIT LES EFFETS SUIVANTS : — Il est libéré jusqu'à concurrence des valeurs qui ont été payées. La C. 1 c. *qui* *bon. ced. poss.* 7, 71, le dit pour le débiteur qui a fait cession de biens ; mais il est évident qu'il doit en être ainsi dans tous les cas. Il reste tenu pour la partie des créances non couverte par le dividende payé. Gaius le dit dans son c. II. § 155 : « Quorum bona venierunt pro portione, si » quid postea adquirant, etiam sœpius eorum bona veniri » solent. » — On voit donc combien il est inexact de dire que l'effet de la *venditio* est de transporter la personnalité juridique du débiteur sur la tête du *bonorum emptor,* de manière que celui-ci soit comme un héritier à l'entier patrimoine. Cela est vrai seulement au point de vue de l'actif du patrimoine, et c'est en ce sens que les Institutes (l. III , t. XII pr.) parlent ici d'une *successio per universitatem.* Le débiteur garde sa personnalité juridique au point de vue passif, si bien qu'il pourra être plus tard attaqué *ex ante gesto.* (c. 1 C. *qui bonis eod. poss.* 7, 71.) Cette personnalité est seulement modifiée par des restrictions dans la faculté de poursuite des créanciers. Ils ne pourront attaquer le débiteur que quand il aura acquis de nouveaux biens, et si ces biens sont en quantité suffisante ; il faudra de plus que ces biens ne lui aient pas été donnés à titre d'aliment (6 et 7, Dig. *de cess. bon.* 42, 3). — Ces effets se produiront, qu'il ait fait , ou non, cesssion de biens. Plusieurs textes le disent pour le cas de cession (c. 3 C. *de bonis auct. jud.* 7, 72). Pour le cas contraire, nous invoquons le texte de Gaius précité (II . § 155), et la loi 25 , § 7 ; Dig. *Quœ in fraudem credit.* 42, 8, qui signifie, suivant nous, qu'aucune action ne sera donnée contre celui dont les biens ont été vendus , tant qu'il n'en aura pas acquis d'autres.

Le débiteur ainsi attaqué , jouira-t-il du bénéfice de

compétence, c'est-à-dire, sera-t-il condamné seulement *in id quod facere potest*, ce qui mettait à l'abri de la contrainte par corps ?

S'il a fait cession de biens, l'affirmative est consacrée par plusieurs textes (Inst. § 40, *de action. —4* pr. Dig. *de cess. bon.* 42, 3. — c. 3, C. *de bonis auct. jud.* 7, 72). — Mais s'il n'a pas fait cession de biens, jouira-t-il également du bénéfice de compétence ? Cujas (*Obs.* xii, 5), dans ce second cas, se prononce pour l'affirmative en considération de la constitution 6 au Code, *De revoc. his quæ in fraud.* 7, 75. Mais ce texte n'est pas concluant, puisque le titre où il est placé et l'annalité de l'action dont il parle prouvent qu'il se réfère à un cas d'action Paulienne. — Il est peu probable que le débiteur jouît du bénéfice de compétence en dehors de la cession de biens. Tous les textes qui en parlent supposent que la cession a été faite, et aucun des textes qui traitent de ce bénéfice ne mentionne le débiteur exproprié au nombre de ceux qui peuvent s'en prévaloir.

Si le débiteur a acquis de nouveaux biens et les a frauduleusement dissipés, de telle sorte que ses créanciers ne puissent pas les recouvrer contre les tiers acquéreurs, par l'action Paulienne, cette action est donnée contre le débiteur lui-même à l'effet de le faire condamner à la contrainte par corps (25, § 7, Dig. *Quæ in fraud. credit.*, 42, 8),

§ III. — Effets de la venditio relatifs aux créanciers.

En étudiant, sous les deux paragraphes précédents, les

droits et les obligations du *bonorum emptor* et du débiteur
exproprié, nous avons exposé par cela même, quels
étaient les effets de la vente relativement aux créanciers chirographaires. Le chapitre précédent traitant de la répartition
de la masse, a indiqué quels étaient les droits des
créanciers privilégiés sur le prix provenant de la vente,
mais nous les avons supposés connus avant cette vente, et,
par conséquent, portés dans la *lex bonorum vendendorum*.
— Quel sera l'effet de la *venditio* sur les créances hypothécaires qui n'étaient pas connues à cette époque ? Les hypothèques ne sont pas purgées par la vente, et comme elles
n'étaient pas publiques, l'opération du *bonorum emptor*
était très-chanceuse et discréditée ; — On sait que les empereurs créèrent successivement des hypothèques privilégiées et des priviléges ; — aussi le *bonorum emptor*,
sujet aux attaques de ces créanciers, n'achetait-il qu'à vil
prix. Cet inconvénient fit disparaître ce mode d'expropria-
tion dès une époque très-antérieure à Justinien. La *venditio*
était d'ailleurs pratiquement très difficile. Elle était souvent
inique dans la cause qui la produisait, puisqu'une faible dette
pouvait, dans certains cas, entraîner la vente de l'entier
patrimoine d'une personne solvable. Elle était en outre
désastreuse dans ses conséquences, puisqu'elle embrassait
la totalité même du patrimoine et qu'elle infligeait, sinon
toujours l'infamie, au moins la déconsidération à ceux qui
en étaient victimes.

APPENDICE

Voie d'exéeution qui a remplacé la *venditio bonorum.*

Les Institutes de Justinien (l. III, t. 12 pr. *de succes-sionibus*) indiquent quelle fut la mesure d'exécution qui remplaça la *venditio* : «... bonorum venditiones expiraverunt, » et tantummodo creditoribus datur officio judicis bona » possidere, et prout utile eis visum fuerit ca disponere.» A la vente en masse, on substitue donc la vente partielle ; à la *bonorum venditio*, on substitue la *distractio*.

A quelle époque eut lieu ce changement et quelle en fut la cause ? L'époque nous est indiquée par le même passage des Institutes : «Sed cum extraordinariis judiciis posteritas » usa est, ideo cum ipsis ordinariis judiciis etiam bono- » rum venditiones expiraverunt. » La *venditio* disparut donc en même temps que le système formulaire, c'est-à-dire sous Dioclétien. Théophile dit aussi dans sa paraphrase : « Hodie vero cum judicia sint extraordinaria, et » quovis tempore exerceantur, non injuria et bonorum ven- » ditiones in dessuetudinem abierunt. »

Quant à la cause de ce changement, on a cru la voir indiquée dans les deux passages que nous venons de reproduire, et on a dit que la disparition de la *venditio bonorum* était due à celle de la procédure formulaire.

On a cru que Justinien et Théophile indiquaient un rapport de cause à effet, tandis qu'ils n'indiquent, suivant nous, qu'un rapport de temps. M. Jules Tambour (*Des voies d'exécution sur les biens des débiteurs*, t. I, p. 236) fait observer que l'introduction des *judicia extraordinaria* obligea le magistrat à discontinuer les *conventus* par suite de l'augmention de son travail, obligé qu'il était à connaître le fond même des affaires. Or la procédure de la *bonorum venditio* exigeait, à plusieurs reprises, l'intervention du magistrat, et ne pouvait être pratiquée, par conséquent, qu'autant que celui-ci se rapprochait des parties. par les *conventus*, pour être aisément à leur disposition. — Pour que cette observation fut probante il faudrait que les *conventus* eussent été continus, tandis qu'ils n'étaient au contraire que des assises passagères. Il est difficile d'admettre que le magistrat qui les tenait, attendît pour les finir, la fin de toutes les procédures de *bonorum venditio* commencées, ce qui aurait pu entraîner la perpétuité de sa présence dans une même ville. Les créanciers devaient donc être souvent obligés, en dehors des *conventus*, d'aller chercher très-loin le magistrat. Et, dès lors, l'existence de ces assises ne facilitant guère la *bonorum venditio*, on ne comprend pas comment leur disparition aurait entraîné celle de cette procédure d'exécution. — Si elle a disparu, n'en cherchons pas la cause ailleurs que dans les grandes difficultés et les inconvénients qu'elle rencontrait en pratique, difficultés venant de la nécessité de l'intervention fréquente du magistrat, inconvénients venant de ses conséquences désastreuses, comme nous ·l'avons fait observer plus haut. Enfin, cette procédure qui pouvait paraître douce vis à vis

du débiteur, au temps où elle succédait à l'exécution sur la personne même, parut ensuite trop rude et peu en harmonie avec l'esprit de ménagement de la dernière période du Droit romain.

La *distractio* ou vente en détail, était déjà connue depuis longtemps, quand elle succéda à la vente en masse; mais son application était restreinte aux *clarœ personœ*, c'est-à-dire aux personnes illustres; par exemple, aux sénateurs et à leurs femmes (5 Dig. *de curat. fur.* 27, 10). Un sénatus-consulte l'introduisit afin de leur éviter l'infamie. La loi 9, Dig. *de curat. fur.*, 27, 10, laisse aux créanciers le choix entre la *distractio* et la *bonorum venditio*. Il est probable qu'ils n'avaient pas ce choix quand il s'agissait de *clarœ personœ*; la loi 9 signifierait seulement qu'ils peuvent user de la *distractio*, au lieu de la vente en masse, quand il s'agit de tout autre débiteur.

Les biens étaient vendus au détail par un ou plusieurs curateurs nommés par le magistrat. Il est probable que les curateurs chargés de la vente se confondirent bientôt avec ceux chargés de l'administration des biens. La c. 10, § 1, C. *de bon. auct. jud.* 7, 72, paraît même autoriser les créanciers à procéder eux-mêmes à la vente. Il résulte du même texte que les délais qui devaient séparer l'envoi en possession de la vente étaient beaucoup plus longs dans le cas de *distractio* que dans celui de *bonorum venditio;* nous y voyons, en effet, que les créanciers qui n'ont pas provoqué l'envoi en possession ont deux, et même quatre ans pour se joindre à la procédure. — Les créanciers ne sont plus obligés de s'adresser au magistrat à plusieurs reprises; il leur suffit d'une seule autorisation pour vendre. Pour se faire payer,

ils doivent s'adresser au curateur qui distribue le produit
de la vente d'abord aux privilégiés, puis aux chirographaires au *prorata* de leur créance. Pour obtenir ce paiement,
ils ont une action *mandati directa*, ou *negotiorum gestorum
directa*, ou *in factum*, suivant les distinctions que nous
avons établies pour les *curatores bonis dati*. L'excédant est
déposé dans une église ou chez un notaire (*tabularius*)
pour satisfaire aux droits des créanciers qui se présente-
ront plus tard (c. 10, § 1, *loco citato*). Léon (c. 6, § 4, C.
de his qui ad eccles. 1, 12), n'autorise à aliéner que la
part de biens nécessaire pour payer les dettes (Nov. 53,
ch. 4).

Chaque acheteur des biens distraits est un acquéreur à
titre particulier, et il est tenu seulement du prix de vente.
— Le débiteur ne subit pas l'infamie. Il n'est libéré que
dans la mesure de ce qui est payé à ses créanciers. — La
distractio, comme la *venditio bonorum*, ne purge point les
hypothèques qui grèvent les biens; par suite, les créanciers
hypothécaires conservent toujours le droit d'agir contre les
acquéreurs.

Cette procédure se rapproche des mesures d'exécution de
notre Droit, en ce qu'elle ne porte elle-même que sur des
objets particuliers. Elle s'en éloigne en ce qu'elle suit toujours l'envoi en possession, mesure générale sur l'entier
patrimoine.

DROIT FRANÇAIS

DU CONCORDAT

EN MATIÈRE DE FAILLITE

La faillite est la cessation de la vie commerciale. Le jugement qui la constate est le point de départ d'une procédure spéciale qui est, pour ainsi dire, une poursuite collective de la part de l'ensemble des créanciers, se substituant aux poursuites individuelles de chacun d'eux. Le fait le plus saillant de cette procédure est le dessaisissement du failli et, par suite, la nomination de syndics chargés d'administrer, et de préparer la liquidation. Cette procédure aboutit à un des trois résultats suivants : La clôture des opérations est prononcée pour insuffisance d'actif; ou un concordat est consenti entre les créanciers et le failli; ou enfin les créanciers font vendre les biens du failli et s'en partagent le prix. — L'une de ces trois issues, le concordat, va faire l'objet du présent travail.

Dans le cas de faillite, le législateur a à sauvegarder trois ordres d'intérêts : celui des créanciers, celui du commerce en général, et celui du failli. En faveur des créanciers, il doit veiller à ce que la liquidation se fasse de la manière la plus productive, et à ce que la répartition soit conforme aux droits de chacun d'eux. En faveur du commerce en général, il doit édicter contre les faillis des mesures de rigueur qui inspirent aux commerçants une grande crainte de tomber dans cet état, et des mesures plus indulgentes qui permettent au commerçant frappé par des événements de force majeure, de reprendre la suite de sa vie commerciale laborieuse et utile à la société. Enfin, en faveur du débiteur, il faut également établir ces mesures, comme garanties et ressources pour l'homme honnête victime de catastrophes imméritées. C'est surtout dans ce troisième ordre d'idées qu'a été établi le concordat. Il touche aussi aux deux autres, puisqu'il épargne aux créanciers les frais et les lenteurs de procédures d'exécution, et puisqu'il permet à un commerçant, pour le plus grand intérêt du commerce en général, de reprendre la suite de ses affaires.

Pour étudier la matière du concordat, nous devons nous placer au moment où l'actif et le passif sont connus, c'est-à-dire après la vérification et l'affirmation des créances. Ce n'est qu'à ce moment que les créanciers peuvent, en connaissance de cause, entrer dans la voie des concessions. Auparavant, tout traité ne serait accordé que par surprise, et serait suspect de fraude. Aussi le législateur s'est-il écarté de l'ancienne jurisprudence, qui admettait le concordat à toute époque de la faillite.

Cette étude portera sur les formalités du concordat, sur ses caractères et ses conséquences.

CHAPITRE PREMIER.

Formalités du concordat.

Les créanciers qui doivent délibérer sur la formation du concordat, sont convoqués, aux termes de l'art. 504, dans les trois jours qui suivent les délais prescrits pour l'affirmation des créances. Dans la pratique, on attend huit et même quinze jours.

Cette assemblée se compose des créanciers, du failli, du juge-commissaire assisté du greffier.

Les créanciers convoqués sont ceux dont les titres ont été vérifiés et affirmés ou admis par provision. La convocation est ordonnée par le juge-commissaire et faite par le greffier. — Le failli est convoqué, non plus par lettre missive, mais par huissier. Dans la pratique, le plus souvent une invitation lui est faite sans frais. Mais si le failli ne se rendait pas à l'assemblée, les syndics qui ne l'ont pas convoqué légalement, pourraient être déclarés responsables de son absence et supporter, en conséquence, les frais des nouvelles convocations. — La présidence des délibérations appartient au juge-commissaire. — Telle est la composition de l'assemblée qui doit délibérer et statuer sur le concordat.

Après la vérification des pouvoirs, les syndics donnent lecture d'un rapport concernant la situation du failli, les formalités antérieurement remplies, le passif et l'actif, le dividende approximatif que pourront obtenir les créanciers s'ils restent en état d'union. Le failli est admis à présenter ses observations à l'encontre du rapport des syndics. Le tout, c'est-à-dire le rapport et le procès-verbal de la séance, reste déposé au greffe, à la disposition des parties intéressées.

Le concordat étant une faveur établie dans l'intérêt du failli, ne peut être provoqué que par lui seul. Il en prendra l'initiative au moyen d'un projet dont il est donné lecture après celle du rapport des syndics. Cette lecture et la défense de ce projet sont présentées généralement, non par le failli lui-même, peu propre à calmer des créanciers irrités, mais par un agréé, un avoué ou un avocat. La discussion portera sur l'excusabilité du failli, sur le montant du dividende par lui offert, sur les garanties qu'il propose pour en assurer le paiement..., etc...

Le concordat peut-il intervenir dans le cas où le failli ne se présente pas ni ne se fait représenter? Sous l'ancienne jurisprudence, la négative était indubitable, puisque le failli qui faisait défaut pouvait être déclaré banqueroutier simple. Sous le Code de 1808, la même solution était admise, puisque l'art. 587 reproduisait en ce point l'ancienne jurisprudence. Aujourd'hui, que la même peine n'est pas édictée contre le failli absent et que le banqueroutier simple peut d'ailleurs être admis au concordat (art. 511), on a soutenu que le concordat pouvait être proposé et accepté par les créanciers, même alors que le failli ne comparait pas, ou ne se fait pas représenter. On s'est appuyé, pour le soutenir, sur le but du concordat, établi, comme nous l'avons vu, aussi bien dans l'intérêt des créanciers et même du commerce en général, que dans l'intérêt du failli. — Je crois pourtant que le cet acte étant un traité entre parties, il est dans l'esprit de la loi qu'il soit proposé en présence du failli ou de son représentant. Les textes d'ailleurs l'exigent, puisque l'art. 507, § 1, dit qu' « il ne pourra être consenti de traité entre les créanciers délibérants et le débiteur failli qu'après l'accomplissement des formalités ci-dessus prescrites. » Or, au nombre de ces formalités, l'art. 505 mentionne la comparution du failli.

Quels sont les créanciers qui prendront part à la délibération? Les créanciers chirographaires dont les titres auront été vérifiés et affirmés, ou admis provisionnellement au moins pour partie (art. 504 et 507). — Les créanciers hypothécaires, privilégiés ou nantis d'un gage, n'y sont pas admis (art. 508). Ils devaient en effet en être exclus faute d'intérêt, puisque, ayant leur paiement garanti, il leur importe peu que le dividende offert par le failli soit plus ou moins élevé, ou soit accepté ou rejeté. — Sans doute, on peut supposer des cas où leur intérêt est en jeu, comme nous allons le voir ; mais ce fait ne se présente que parce qu'ils sont alors simplement créanciers chirographaires.

Si les créanciers hypothécaires, privilégiés ou gagistes, veulent prendre part à la délibération, ils doivent renoncer à leur hypothèque, privilége ou gage. La loi, qui ne pouvait leur interdire cette renonciation, ne pouvait pas non plus leur interdire l'option. L'art. 508, § 2, porte : « Le vote au concordat emportera de plein droit cette renonciation. » Sans la renonciation, en effet, le vote serait inexplicable ; et si la loi suppose l'un, c'est pour attribuer un sens à l'autre.

Le vote aura-t-il l'effet que lui attribue le 2e § de l'article 508, dans le cas où le concordat n'intervient pas, soit faute de majorité nécessaire, soit même faute d'homologation ? On a soutenu la négative, en regardant le concordat comme la condition même sans laquelle les effets du vote ne devaient pas se produire. Aux yeux des partisans de cette opinion, dès que le concordat n'intervient pas, il est censé que rien n'a été fait. — On ne peut nier cependant qu'un vote n'ait été donné, infructueux sans doute pour produire le concordat, mais il n'en a pas moins été donné avec toute sa signification ; or, nous avons vu qu'il signifie forcément renonciation à l'hypothèque, au privilége ou au gage, puisqu'il ne se comprend que si on lui attribue ce sens. — Le texte de l'art. 508 est d'ailleurs trop clair et absolu pour permettre la restriction qu'on essaie d'apporter à la loi.

Si le créancier avait été irrégulièrement représenté ou était incapable, son vote étant nul, ne peut produire aucun effet. On ne pourrait donc lui opposer aucune renonciation.

Le créancier porteur de deux créances, l'une hypothécaire, privilégiée ou nantie de gage, l'autre chirographaire, pourra prendre part à la délibération pour la seconde seulement. S'il y prend part sans faire de réserve, on ne pourra en induire sa renonciation à l'hypothèque, au privilége ou au gage de la première créance, que si sa présence l'indique au moins implicitement. Ainsi, par exemple, si, pour calculer la majorité en somme, il a laissé compter le montant de sa créance hypothécaire, privilégiée ou nantie de gage.

Remarquons que l'objet affecté à la garantie d'une créance peut être insuffisant pour la couvrir. De telle sorte que, pour partie, c'est-à-dire pour l'excédant du montant de la créance sur la valeur de l'objet, le créancier sera simplement chirographaire ; et, dès lors, il a intérêt à prendre part au concordat. S'il y prend part dans ce cas, devra-t-il être considéré comme renonçant à ses sûretés ? L'affirmative me semble la seule opinion soutenable : Dans cette circonstance, en effet, la qualité de chirographaire est incertaine, puisque, avant d'avoir réalisé la valeur de l'objet qui sert de garantie, on ne sait pas encore s'il ne suffira pas pour couvrir la créance. Cette qualité de chirographaire étant donc incertaine, ne peut autoriser le créancier à donner un vote qui pourrait, plus tard se trouver non-justifié. Les travaux préparatoires du Code fournissent un puissant argument en faveur de cette opinion. L'art. 79 du projet, reproduisant l'ordonnance de 1673, portait : « Si cependant ces créanciers justifient, à l'époque de la délibération, que leur hypothèque ou gage sont insuffisants, ils seront admis à délibérer avec les créanciers chirographaires, pour l'excédant de la créance sur la valeur de l'immeuble hypothéqué ou des gages. La valeur de l'immeuble sera déterminée par l'évaluation des revenus d'après la matrice du rôle, conformément à l'art. 676 du Code de procédure civile. » Cette disposition ne passa pas dans l'art. 520 du Code de 1808 ; et il faut en conclure qu'elle ne fut pas admise.

Dans cette situation, le créancier qui voudra prendre part à la délibération sans perdre ses sûretés, n'aura qu'à y renoncer pour tout ce qui excède une certaine valeur qu'il déterminera suivant l'évaluation approximative de l'objet hypothéqué ou affecté au privilége, ou du gage. Il déclarera donc ne vouloir conserver ses garanties que jusqu'à concurrence de cette valeur, et, pour le surplus, il se portera comme chirographaire. Ainsi, réunissant en lui deux qualités, il pourra, avec la seconde, prendre part au concordat.

Nous savons quels sont ceux qui prendront part à la délibération. Passons maintenant à la décision et voyons quelle sera la majorité requise.

Remarquons d'abord que le concordat, bien qu'il soit un traité intervenu entre les créanciers et le failli, diffère essentiellement de tous les autres contrats, puisqu'il est obligatoire, même pour ceux qui ne l'ont pas consenti. La majorité impose sa décision à la minorité. Pothier a cherché à expliquer et à justifier cette disposition de la loi. Il résulte de ses explications que le concordat ne serait pas un contrat, mais une décision du juge. D'après cet auteur, la volonté des créanciers consentants ne s'impose pas aux créanciers non-consentants ; elle ne fait qu'indiquer au juge le parti qu'il vaut le mieux prendre ; et le juge, se conformant à cette indication, impose le concordat à tous les créanciers. — Cette explication nous semble bien loin d'être satisfaisante, car elle attribue au juge une compétence anormale pour rendre une sorte de décret d'intérêt public. Sa mission normale est de reconnaître les droits, et non d'en créer. Il est tout aussi contraire aux principes de lui attribuer cette compétence, que de déclarer qu'un contrat peut être obligatoire, même pour ceux qui n'y ont pas consenti. — Le Tribunat, dans ses observations au Conseil d'Etat, a déclaré qu'il ne fallait pas chercher dans les règles communes la justification du caractère obligatoire du concordat : « En principe général, dit-il, tout créancier a le droit d'exercer sur son débiteur tous les effets attachés à son titre jusqu'à l'acquit parfait de ce qui lui est dû, ou jusqu'à l'entière cession des biens qui lui servent de gage. Nulle remise ne peut lui rien faire perdre si elle n'est consentie par lui-même et de son plein gré. Le concordat est un acte qui repose sur des bases entièrement contraires. »

On ne peut trouver le motif du concordat que dans des considérations d'intérêt public et d'humanité, devant lesquelles la loi a voulu faire plier la volonté trop intransigeante de quelques créanciers. Mais elle ne devait le faire qu'avec précaution, puisqu'elle se trouvait en face de droits qu'elle allait méconnaître, et c'est pourquoi elle a édicté les règles que nous allons analyser.

Pour fixer la majorité, le législateur se trouvait en présence d'une considération que nous avons présentée dans la première partie de cette Thèse, à propos du pacte *de parte debiti non petenda* en Droit romain. Nous avons dit que chacun des créanciers n'a d'autre droit à prendre part à la délibération que celui que lui donne son intérêt, c'est-à-dire celui que lui donne sa créance. D'où il suit que la décision devrait appartenir à la majorité en somme. L'ordonnance de 1673 le reconnaissait et déclarait que le concordat ne pourrait intervenir que s'il avait l'adhésion des créanciers représentant les trois quarts du montant total des créances ; peu importait leur nombre. En 1807, le projet du nouveau Code de commerce reproduisait la même disposition, et elle aurait été consacrée sans les observations du Tribunat, qui, s'inspirant de la législation hollandaise, demanda que les créanciers porteurs des trois quarts du montant total des créances, constituassent aussi la majorité en nombre. — Cette disposition fut adoptée et a été maintenue depuis. Le concordat ne peut donc avoir lieu que s'il est voté par la moitié plus un, des créanciers; et si ces créanciers représentent les trois quarts en somme. — Cette disposition, quoique non conforme à la rigoureuse logique, est justifiée par ses avantages dans la pratique. Il fallait éviter en effet que les petits créanciers ne fussent victimes des plus grands, à qui leur grosse fortune peut souvent permettre des sacrifices, et qui d'ailleurs espèrent profiter de la situation du failli concordataire pour faire avec lui des marchés qui répareront leurs pertes, marchés impossibles aux petits créanciers.

La majorité requise par la loi doit-elle être calculée sur les créanciers présents à la délibération seulement, ou sur tous les créanciers du failli? Au point de vue des sommes, il est évident, d'après le texte de l'art 507, qu'il s'agit des trois quarts du passif du failli. Cet article dit en effet, que les créanciers consentants doivent représenter « les trois quarts de la totalité des créances vérifiées et affirmées ou admises par provision. » Mais, au point de vue du nombre des votants, la loi exige-t-elle la majorité de tous les créanciers, ou des créanciers présents seulement?

Pour soutenir que la moitié plus un des créanciers présents suffisait, on a fait ressortir l'importance secondaire que le législateur avait paru attacher au nombre des votants, puisque ce n'était qu'en dernier lieu et sur les observations du Tribunat seulement, que ce nombre avait été pris en considération. On a dit encore que quand un créancier ne se rend pas à la délibération , il faut présumer qu'il s'en rapporte à ceux qui s'y rendent, et qu'il leur donne une sorte de mandat tacite de voter à sa place (Lainné, p. 212; Alauzet, IV, 1777; Bédarride, II, 530 ; Dalloz, 1842, II, 196).

L'opinion contraire est généralement adoptée par la jurisprudence. Elle s'appuie sur l'observation des textes : — Puisqu'il est incontestable que l'art. 507 exige de la part des créanciers consentants les trois quarts en somme calculés sur l'entier passif du failli , il faut croire que la majorité des voix, exigée par ce même article, doit être calculée d'une manière analogue. Admettre le contraire, serait voir entre les deux dispositions de cet article une dissemblance étrange et invraissemblable. — Sans doute, l'ancienne jurisprudence française n'attachait aucune importance au nombre. Mais nous voyons, d'après la marche de la législation, que le législateur y en a attaché une de plus en plus grande. L'ancien art. 522 exigeait la majorité des créanciers présents seulement. Mais, aujourd'hui, l'art. 509, pour une détermination beaucoup moins importante, la remise à huitaine, exige la majorité en nombre. On voit donc quelle est la tendance de la législation. De l'art. 509, d'ailleurs, on peut conclure qu'à fortiori le législateur doit exiger la même majorité quand il s'agit du vote du concordat. Quand la loi s'est contentée de la majorité des créanciers présents, elle a pris soin de le préciser; exemple l'art. 530, qui a trait aux aliments à accorder au failli. — On ne peut voir dans l'absence de certains créanciers un mandat tacite par eux donné à ceux qui comparaissent. Bien des motifs, bien des empêchements

8

peuvent occasionner cette absence. Il peut même arriver que ne voulant pas accorder le concordat au failli, les créanciers ne comparaissent pas afin de n'avoir pas à subir de sollicitations et à donner un refus. Dans ce cas, ne serait-ce pas se méprendre étrangement que de considérer leur volonté comme conforme à celle de la majorité des créanciers présents? (Renouard, t. II, p. 15 et 30 ; Paris, 14 mars 1849 et 7 août 1850 ; Dev., 50, II, 604 ; Bravard-Veyrières et Demangeat, v, p. 393).

Relativement à la détermination du nombre des créanciers nécessaires pour former le concordat, il est une autre question qui s'élève dans le cas où plusieurs créances qui reposaient d'abord sur la tête de plusieurs créanciers, viennent à passer sur une seule tête. Nous avons alors à nous demander si le créancier qui succède ainsi à plusieurs, sera compté pour un seul suffrage, ou s'il le sera au contraire pour autant de suffrages qu'il y avait de créanciers de qui il tient ses droits? Soit que cette transmission ait eu lieu par cession, soit par succession, la solution sera la même. Plaçons-nous dans le cas de cession, qui est certainement le plus fréquent. — Si la cession a été faite avant le jugement déclaratif de faillite, il est clair que le créancier cessionnaire de plusieurs créances, ne pourra être compté que pour une voix En effet, quand les droits dérivant de l'état de faillite, ont pris naissance pour les créanciers, il n'existait en réalité qu'un seul titulaire. Mais si la cession a eu lieu après le jugement déclaratif de faillite, et surtout après la vérification des créances, la question présente plus de difficulté. On a fait remarquer que le nombre des créances, et par suite celui des créanciers, était alors fixé ;

que les droits dérivant de la faillite, et entre autres le droit
pour chaque créancier de compter pour une voix dans la
délibération du concordat, étaient alors définitivement acquis à chacun d'eux, et que, par suite, quand il cédait
sa créance, il cédait en même temps tous les droits qui y
étaient inhérents. Le mandataire de plusieurs créanciers
aurait certainement le droit de donner plusieurs suffrages;
le cédant n'est-il donc pas aussi un mandataire? (Arrêt de
Bordeaux, du 26 avril 1836; Renouard, ii, p. 19.)

Malgré ces considérations, nous adoptons l'opinion contraire : Nous croyons que la loi, quand elle a accordé un
suffrage à chaque créancier, a voulu le donner à la personne même, et non en faire un droit attaché à chaque
créance. La qualité de créancier peut seule le procurer ;
or, cette qualité ne peut se multiplier parce qu'elle a pour
cause plusieurs cessions (Cass , 24 mars 1840).

En sens contraire, on se demande si plusieurs cessionnaires d'un seul créancier qui ont succédé chacun pour
partie à une même créance primitive, auront chacun un
suffrage ? — Pour soutenir la négative, on a fait remarquer qu'à partir du jugement déclaratif de faillite le nombre des créanciers ne peut s'accroître; qu'admettre l'afifir-
mative serait d'ailleurs ouvrir la porte à des abus, puisqu'un
créancier pourrait, en cédant intentionnellement pour partie
sa créance à plusieurs personnes, changer le résultat de
la délibération. — Nous croyons pourtant que les mêmes
motifs qui nous ont fait admettre la solution que nous
avons donnée dans la question précédente, doivent nous
faire adopter ici l'affirmative. Chacun des cessionnaires,
pour si nombreux qu'ils soient, a en effet la qualité de

créancier ; or, c'est cette qualité qui donne le droit de
vote. Sans doute, le nombre des créanciers ne peut s'accroître après le jugement déclaratif de faillite, mais cela
signifie seulement que le passif de la faillite ne peut s'accroître, c'est-à-dire qu'on ne peut, en contractant de nouvelles dettes, créer ainsi de nouveaux créanciers. Mais la
signification absolue que les partisans de l'opinion adverse
donnent à ce principe, ne tendrait à rien moins qu'à pro-
hiber la cession elle-même telle que nous la supposons, car
on ne peut nier qu'elle n'accroisse le nombre des créanciers. Quant aux abus qui pourront se produire par suite
de cessions frauduleuses, ils ne peuvent pas fournir un
argument, car, si réellement elle est frauduleuse, elle
sera annulée au regard des autres créanciers auxquels on
a voulu nuire. On appliquera la maxime : *Fraus omnia
corrumpit* (Dalloz, *Faillite* n° 691).

Quand le concordat réunit les deux majorités que nous
venons de déterminer, il est signé séance tenante (art. 509),
c'est-à-dire que les créanciers le signent réunis en assemblée et en présence les uns des autres. La loi a voulu empêcher que le concordat ne fût colporté de chez un créancier
chez l'autre afin de pouvoir ainsi plus facilement leur arra-
cher leur signature. Mais la disposition de l'art. 509 ne
signifie point que le concordat doit être délibéré et signé
dans une seule et même séance. Le juge commissaire, en
usant toutefois de cette faculté avec réserve, peut remettre
la suite des délibérations à un jour suivant.

Si dans la première délibération, le concordat n'obtient
qu'une des deux majorités qu'il doit pourtant réunir, la
loi ordonne, après huitaine, une nouvelle délibération,

laquelle, quel que soit son résultat, sera considérée comme la seule (art. 509). — Avant la loi de 1838, on discutait la question de savoir si dans le cas où la moitié plus un des créanciers a été favorable au concordat, sans réunir les trois quarts en somme, cette majorité ne restait pas acquise définitivement au failli. La fin de l'art. 509 a eu pour but de faire tarir cette discussion.

En rapprochant l'art. 509 de l'ancien art. 522, on voit que la loi accorde aujourd'hui au failli un avantage de plus, en ce sens que quand une des deux majorités, quelle qu'elle soit, lui est obtenue dans la première délibération, la loi lui en accorde une seconde. Sous l'empire de la législation antérieure au contraire, une seconde délibération lui était accordée dans le cas seulement où la première majorité obtenue était celle du nombre. Mais remarquons, en sens contraire, que la loi ancienne lui était plus favorable, en ce sens qu'elle n'exigeait que la moitié plus un des créanciers présents, tandis que l'art. 509 actuel exige la moitié plus un de tous les créanciers.

Si dans les deux délibérations, le concordat n'a pas réuni les deux majorités voulues, ou même si dans la première il n'a obtenue ni l'une ni l'autre, le concordat est définitivement rejeté et les créanciers sont en état d'*union*.

Pour que le concordat soit possible, il ne suffit pas des deux majorités ci-dessus déterminées, il faut que le failli ne soit pas banqueroutier frauduleux (art. 510 et 511). L'ancien art. 521 était plus sévère puisqu'il excluait du bénéfice du concordat même le banqueroutier simple. La loi de 1838 n'a pas conservé cette rigueur à laquelle les tribunaux ne se soumettaient qu'avec grand'peine. Ils

regrettaient en effet de voir l'omission d'une simple formalité, comme celle de la remise du contrat de mariage du
failli au greffe, en le faisant déclarer banqueroutier, empêcher en même temps la possibilité d'un concordat.

Quels motifs faut-il attribuer à cette disposition de la
loi qui exclut du bénéfice du concordat le banqueroutier
frauduleux? On a parlé de son indignité de bénéficier
d'une telle faveur. Le concordat est un avantage accordé
au failli ; le banqueroutier ne le mérite pas, et c'est cette
considération morale qui aurait déterminé le législateur.
On reconnaît bien qu'il a aussi été établi dans l'intérêt
général du commerce ; mais on fait observer que cet intérêt même s'oppose à un concordat qui aurait pour effet de
replacer dans ses affaires, au moins pour plus tard, un
homme déloyal contre lequel la société doit se prémunir.
— Je crois pourtant que le motif d'indignité n'est pas
celui qui a guidé le législateur, car les créanciers peuvent
avoir un grand intérêt à consentir un accommodement avec
le failli, et on ne devait pas tenir leur intérêt en échec. Sans
doute le failli est indigne de bénéficier d'une mesure qui
est un aide et un secours, mais les créanciers en sont
dignes ; en exclure le premier, c'est atteindre du même
coup les seconds ; et si la morale et la justice gagnent à
l'exclusion de l'un, elles perdent à celle des autres. On ne
saurait parler ici de l'intérêt du commerce en général ; il
n'est nullement en jeu, car une banqueroute frauduleuse
est un fait notoire ; la société, le monde commercial,
en aura connaissance, et on se méfiera à l'avenir de
l'homme qui a attiré ainsi sur lui les rigueurs de la justice.
Quant à ceux qui, malgré ses précédents, voudront faire

avec lui des affaires commerciales, la loi n'a pas à s'en préoccuper, puisque, sachant avec qui ils contractent et à quoi ils s'exposent, ils agissent à leurs risques et périls. — Je crois donc que le motif qui a inspiré le législateur n'est pas l'indignité du failli, mais bien l'intérêt de la justice répressive. Le banqueroutier frauduleux a soustrait aux créanciers des valeurs qui devraient leur revenir ; or, il ne faut pas que ces créanciers puissent tenir le failli pour quitte moyennant un dividende. Le concordat serait une sorte d'absolution donnée par eux au banqueroutier frauduleux ; ce serait de leur part l'abandon de ce qu'il leur a soustrait indûment. On comprend l'échec que la répression pénale éprouverait à la suite d'un pareil accommodement, puisque le banqueroutier pourrait se prévaloir de l'accord et, pour ainsi dire, de la connivence de ceux qu'on lui présenterait comme ses victimes.

Le motif de la loi ainsi précisé, il nous sera plus facile de résoudre une question vivement controversée : celle de savoir si un concordat peut être consenti au failli déjà condamné comme coupable de banqueroute, relative, non à la faillite actuelle, mais à une autre faillite antérieure. Pour la négative, on invoque l'indignité du failli, indignité tout aussi grande bien que la condamnation ait trait à des faits anciens ou soit elle-même ancienne. On fait observer qu'on ne peut parler ici de prescription, car la prescription n'empêche pas la récidive, c'est-à-dire que le laps de temps n'efface pas entièrement la faute. D'où il faut conclure que celui qui a porté de graves atteintes à la probité commerciale et est noté, par suite de banqueroute, comme un homme sans probité, ne peut jouir en aucun temps d'un avantage établi seulement pour les commerçants honnêtes ou seulement coupables de simples négligences et imprudences. — Malgré ces raisons, les motifs que j'ai attribués à l'art. 510 me font croire que le bénéfice du concordat ne sera refusé qu'au failli dont la faillite actuelle constitue une banqueroute. Les art. 510 et 511 qui parlent de poursuites commencées, indiquent d'ailleurs que la loi n'a eu en vue que la banqueroute actuelle.

La condamnation pour banqueroute frauduleuse intervenue après le concordat, l'annule de plein droit (art. 520); mais nous supposons que cette condamnation a trait aux faits de la faillite à la suite de laquelle est intervenue le concordat.

Si au moment de la délibération, des poursuites sont commencées, peut-on traiter l'accusé comme un condamné? Non sans doute; aussi l'art. 510 n'empêche pas le concordat; il déclare seulement qu'il pourra y être sursis jusqu'après l'acquittement. Ce sursis sera accordé par la majorité des créanciers en nombre et en somme. — On a vivement critiqué cette disposition de la loi, très-peu conforme au principe qui veut que l'accusé jouisse, jusqu'à sa condamnation, de la présomption d'innocence. En retardant le concordat, la loi l'a rendu difficile, puisqu'elle attire l'attention des créanciers sur la situation du débiteur et puisqu'elle redouble ainsi leur méfiance. Si les créanciers se montrent alors plus intraitables et refusent le sursis, et si plus tard le failli est acquitté, ne pourra-t-on pas reprocher au vice de la loi d'avoir fait échouer une mesure juste et profitable?

´CHAPITRE II

Homologation du concordat.

Le concordat n'est valable qu'autant qu'il est homologué par le tribunal de commerce, gardien dans ce cas de l'intérêt public Le rapporteur de la loi de 1838 s'exprimait ainsi : « Au-dessus de la compassion envers le failli, au-dessus du respect pour la majorité des créanciers, domine un autre intérêt, le premier de tous, celui de l'ordre social, de la loi, de la justice, de la morale publique. » Tel est l'intérêt que la loi a confié au tribunal de commerce.

L'homologation ne pourra avoir lieu avant l'expiration de la huitaine (art. 513). Pendant cette huitaine doivent se produire les oppositions de la part des parties intéressées (art. 512). Après l'expiration de ce délai, elles ne seraient plus admises, excepté toutefois celles pour dol, par argument *a fortiori* tiré de l'art. 518. L'opposition sera signifiée au syndic et au failli. Elle énoncera le motif sur lequel elle s'appuie. S'il n'y a qu'un syndic, et qu'il veuille former opposition, il sera tenu de provoquer la nomination d'un nouveau syndic vis-à-vis duquel il devra remplir les formalités imposées à tout opposant.

Tous les créanciers qui ont pris part à la délibération du concordat peuvent former opposition, même ceux qui auraient donné un vote favorable (art. 512, § 1). Peuvent également former opposition, ceux dont les créances

n'avaient pas été vérifiées et affirmées ou admises par provision, quand elles ont été reconnues depuis. Bédarride
croit que les créanciers dont la créance serait contestée, doivent pouvoir également faire opposition dans la huitaine.
Il fait observer qu'une autre solution serait injuste à leur
égard, puisqu'un contredit qu'ils ne peuvent point empêcher et qui est souvent mal fondé, les priverait d'un droit.
Il serait d'ailleurs facile à celui qui se méfierait d'un créancier et qui craindrait son opposition, de contester sa
créance, afin d'arriver, par les lenteurs du procès, à para-
lyser l'exercice de son droit d'opposition. — Ces raisons nous
paraîtraient bonnes, si l'art. 512, § 1 était moins formel.
Nous croyons qu'en présence de ce texte, la discussion
n'est pas possible (Renouard, II, 41 ; Bravard-Veyrières
et Demangeat, V, 406 ; Colmar, 26 mai 1840 ; Dalloz,
P. 41, II, 49 ; et D. A. *faillite* n° 603).

Les créanciers privilégiés, hypothécaires ou gagistes
qui feraient opposition au concordat, seraient censés renoncer à leurs sûretés. Tant qu'ils sont nantis de sûretés,
le concordat est un fait qui se passe en dehors d'eux et
auquel ils ne peuvent avoir d'intérêt. Si toutefois leur gage
périt, ou s'ils se voient primés par une hypothèque ou un
privilége qui absorbera l'objet affecté, ils peuvent avoir
intérêt à renoncer à une sûreté illusoire et à faire opposition au concordat (Cass. 21 déc. 1840).

Le tribunal statuera sur l'homologation et sur les oppositions par un seul et même jugement (art. 513). La loi
a ainsi voulu éviter les lenteurs et les frais. La nullité du traité aura son effet, non-seulement à l'égard de
l'opposant, mais à l'égard de tous les créanciers. Le der-

nier § de l'art. 513 a ainsi mis fin à la discussion qui s'était élevée avant la loi de 1838 afin de savoir si l'annulation du concordat, par suite de l'opposition admise, était relative ou générale.

Le tribunal doit surseoir à statuer si l'opposition s'appuie sur un fait dont la constation n'est pas de la compétence commerciale (§ 4 de l'art. 512). M Demangeat cite comme exemple le cas où le failli a recueilli tout récemment une succession considérable, sans que les créanciers l'aient su au moment où ils ont signé le concordat. L'un d'eux base son opposition sur ce fait. Le tribunal doit surseoir à statuer jusqu'au jugement du tribunal civil tranchant la question préjudicielle.

L'homologation sera poursuivie par la partie la plus diligente. Le tribunal la refusera dans le cas où toutes les formalités prescrites n'auraient pas été observées, ou s'il juge que la morale ou l'intérêt public y sont intéressés (art. 515). La loi de 1838 a même apporté une latitude plus grande au pouvoir du tribunal, puisque celui-ci, d'après l'art. 515, peut aller jusqu'à se faire juge de l'intérêt des créanciers et, se basant sur lui, refuser l'homologation. Il est singulier que le législateur ait cru devoir protéger ainsi des créanciers majeurs et maîtres de leurs droits, et qu'il ait autorisé le tribunal à leur dire : « La majorité d'entre vous a consenti le concordat, mais vous avez mal compris votre intérêt, et je vous accorde une sorte de *restitutio in integrum* contre votre imprudence! » La disposition de la loi serait très-sage si la majorité des créanciers présents suffisait pour voter le concordat. Il serait juste alors que le tribunal pût, en se basant sur l'intérêt des absents, se refuser à l'homologuer. Mais nous avons vu que le concordat est consenti par la majorité de tous les créanciers

Etudions les conséquences du refus d'homologation de la part du tribunal : — Si ce refus est basé sur une raison d'ordre public, le concordat sera désormais impossible et les créanciers seront forcément en état d'union. Mais si le refus est basé seulement sur un défaut de formalités, le concordat sera-t-il désormais impossible? Plusieurs auteurs ont cru que le défaut d'homologation entraînait nécessairement dans tous les cas l'état d'union. Ils interprètent le 1er § de l'art. 529 comme s'il portait : « Si le concordat n'est pas homologué, les créanciers seront de plein droit en état d'union. » Ils font remarquer que l'ancien art. 527 exigeait pour que l'union ait lieu, que les créanciers se constituassent en cet état par un contrat ; tandis que le nouvel art. 529 (§ 1) se contente du défaut de concordat et déclare que l'union a lieu de plein droit. — La Cour de cassation, dans un arrêt du 10 août 1847 (S. — Dev. 41, i, 100), a repoussé cette opinion. Elle a reconnu que dans le cas de défaut d'homologation pour vices de formes, les créanciers pouvaient former un autre concordat pourvu qu'ils observassent cette fois toutes les formalités. Les partisans de l'opinion contraire font une pétition de principe en opposant l'art. 529 ; cet argument peut même être retourné contre eux, puisque, dans ce cas, un second concordat étant intervenu, on ne peut pas dire qu'il n'y en ait point et que les créanciers soient par suite en état d'union. Si un concordat homologué a été postérieurement annulé, on s'accorde à reconnaître que les créanciers peuvent former un nouveau traité. Or, ils doivent le pouvoir *a fortiori* quand le premier n'a pas été annulé, mais seulement non-homologué.

Le tribunal de commerce se prononce par jugement sur l'homologation. Ce jugement doit être précédé, à peine de nullité, du rapport du juge-commissaire (Dalloz, A, *faillite* n° 675). Bien que la loi ne prononce pas la nullité, la jurisprudence et la doctrine l'admettent, parce que le tribunal ne peut juger en parfaite connaissance de cause qu'après ce rapport. Ne pas admettre la nullité du jugement dans ce cas, serait le faire dégénérer en une simple formalité nullement protectrice comme le veut l'art. 515.

Le jugement d'homologation est susceptible d'appel et même de recours en cassation pour violation des formes prescrites, après demi d'appel.

Au point de vue de l'appel, nous devons étudier le cas où le tribunal a accordé l'homologation et celui où il l'a refusé.

S'il l'a accordée, a qui l'appel sera-t-il possible? à ceux-là seulement qui avaient formé opposition. De telle sorte que dans ce cas il serait plus vrai de dire que c'est le jugement statuant sur l'opposition, et non le jugement d'homologation, qui est susceptible d'appel. Sur quel texte nous appuyons-nous pour déclarer que les opposants seuls sont admis à interjeter appel? Sur l'art. 464 du Code de procédure : s'opposer à l'homologation en appel sans s'y être opposé en première instance, serait former, en cause d'appel, une nouvelle demande. Je dois placer ici une observation de Renouard, d'après laquelle si les syndics, représentants légaux des créanciers, ont formé opposition, tout créancier aurait le droit d'appel. Dans ce cas, en effet, le

créancier appelant aurait été représenté en première instance. Cette observation a le grave défaut de viser une
hypothèse impossible : les syndics ne peuvent pas former opposition, puisque l'art. 512, § 2 dit qu'elle doit leur
être signifiée. Le § 3 du même texte vise le cas où le
syndic se porterait opposant, non comme syndic, mais
comme créancier lui-même de la faillite, et ce qui le prouve,
c'est l'obligation que lui impose alors la loi de provoquer
la nomination d'un autre syndic. — Ajoutons pour refuser
l'appel aux créanciers qui ne se sont pas portés opposants,
que décider autrement serait tourner la disposition de
l'art. 512, § 2. D'après ce texte, les créanciers sont forclos du droit de former opposition après le délai de huitaine. Or, ceux qui auraient laissé passer ce délai, auraient
toujours la ressource de l'appel.

Si le tribunal a refusé l'homologation, tout créancier
qui n'a pas fait opposition aura le droit d'appel. On comprend que ceux qui se sont portés opposants et qui ont vu
leur prétention accueillie par le tribunal, ne peuvent appeler d'un jugement qui leur a donné gain de cause. Quant
à ceux qui n'ont pas fait opposition, leur silence a été un
acquiescement au concordat, et ils ont été représentés en
première instance par la partie la plus diligente qui la première a poursuivi l'homologation (art. 513, § 1).

La tierce opposition contre le jugement d'homologation
est-elle admise? L'art. 474 du Code de procédure doit nous
faire admettre la négative : « Une partie peut former
tierce opposition à un jugement.... lors duquel ni elle ni
ceux qu'elle représente n'ont été appelés. » Or, tout
créancier est appelé, dans la huitaine après le concordat, à

former opposition. S'il ne la forme pas, son silence équivaut à un consentement ; il figure dès lors au jugement rendu au regard de tous les créanciers, comme partie consentante. La tierce opposition, d'ailleurs, a pour but de faire recommencer des débats où le tiers-opposant entend présenter ses défenses et observations quand il n'a pu les présenter. Or, dans notre hypothèse, sauf le cas de l'art 513, § 2, il n'y a pas eu de débats, et si un créancier avait voulu présenter ses défenses, il l'aurait pu au moyen de l'opposition faite dans la huitaine. Nous dirons encore ici, comme dans le cas d'appel : Admettre la tierce-opposition serait tourner la disposition de l'art. 512, § 2 (*Sic*, Bravard-Veyrières et Demongeat, 420 ; Bédarride II, n° 586 ; Renouard II, 62 ; Paris 28 avril 1855 ; S.-D. 55, II, 716).

Le concordat passé en pays étranger avec un failli français ou étranger, peut-il être homologué en France ; ou s'il l'a été en pays étranger, le jugement sera-t-il exécutoire en France ? C'est là une question très-controversée que nous résolvons dans le sens de la négative, malgré les autorités très-respectées qui ont soutenu l'affirmative. Il nous paraît que l'homologation est une mesure intéressant plusieurs intérêts divers et très-graves ; que lorsque la loi en a investi le tribunal de commerce, elle lui a donné une compétence anormale et des pouvoirs exorbitants ; il ne faut donc pas les étendre en lui permettant de statuer alors que toutes les formalités rigoureusement exigées pour le concordat par la loi française n'auraient pas été remplies et sous la surveillance même du juge français. Nous devons donc décider que le concordat passé en

pays étranger ne pourra pas être homologué en France. —
Par des raisons analogues, nous déciderons qu'un jugement d'homologation étranger ne sera pas exécutoire sur
le territoire français. La sauvegarde des mêmes intérêts
s'y oppose *a fortiori*. Cette discussion se résume en ces
mots : On ne peut reconnaître de concordat que celui qui
a été passé conformément aux formalités édictées par le
Code de commerce. Si on veut régulariser en France la
position d'un commerçant qui a failli à l'étranger, on devra
faire déclarer sa faillite en France et arriver au concordat
conformément à notre Code. (*Sic*, Renouard, *Traité des
faillites et banqueroutes*, II, 72 ; Massé, *Droit commercial*; Boileau sur Boulay-Paty, nº 218 ; *contra* Dalloz, Rép.
faillite, nº 777 ; Félix, *Droit international*, p. 417 ; de
Saint-Nexent, nº 446).

CHAPITRE III.

Effets du jugement d'homologation.

Le concordat homologué est opposable à tous les créanciers chirographaires (art. 516). Peu importe qu'ils aient
été portés ou non portés au bilan, vérifiés ou non vérifiés;
peu importe qu'ils soient domiciliés hors du territoire de
France ; peu importe encore qu'ayant été admis à délibérer
par provision, le jugement définitif réduise ou même nie
leur créance. Par cette disposition, l'art. 516 a mis fin aux
anciennes controverses sur la question de savoir si l'homo-

logation était opposable aux créanciers non portés au bilan ni vérifiés. On allait même jusqu'à dire, conformément à l'ordonnance de 1673, que les créanciers contestés ne pouvaient être contraints de s'y conformer.

La règle de l'art. 516 est exorbitante, puisqu'elle soumet aux conséquences de l'homologation, des créanciers, qui, ayant réellement le droit de vote pour repousser le concordat, n'ont pu exercer ce droit. En sens contraire, des créanciers apparents, admis par provision et dont la créance est plus tard rejetée, ont pu, par un vote qu'au fond ils émettaient sans droit, imposer le concordat aux autres créanciers. Quelque graves que soient ces inconvénients, le législateur a cru devoir les accepter, plutôt que de retarder la délibération et le vote du concordat jusqu'après l'admission définitive de toutes les créances.

L'homologation a pour second effet de faire revenir le failli à la vie civile. Le jugement déclaratif l'avait dépouillé, non de la propriété, mais du droit d'administration et de disposition de ses biens. Ce dépouillement avait pour but de l'empêcher d'augmenter son passif, et de porter atteinte, par des concessions d'hypothèques ou d'autres garanties, aux droits respectifs des créanciers. Après le jugement d'homologation, il recouvre le droit d'administration et de disposition. Les obligations qu'il contracte postérieurement, sont valables pour la totalité, et les créanciers porteurs de ces titres s'adresseront, non plus au syndic, mais au failli lui-même. Mais nous verrons que l'homologation, en rendant le failli à la vie civile, n'efface pourtant pas tout le passé.

Remarquons encore que cet effet du jugement d'homologation ne se produit que lorsqu'il a acquis force de chose

9

jugée (art. 519, § 1). Contrairement aux règles ordinaires, le délai de l'appel, et non pas seulement l'appel, est
suspensif. On comprend les raisons majeures qui, dans
cette matière exceptionnelle, ont commandé cette disposition de la loi. Il ne fallait pas qu'après l'infirmation du
jugement, les créanciers se trouvassent en présence d'un
actif amoindri, parce que le failli se serait empressé de
le dilapider dès qu'il en aurait repris l'administration.

Quelques questions qui provoquent l'application des principes ci-dessus exposés, se présentent ici à notre étude.

Les arrérages d'une rente viagère échus postérieurement au concordat subiront-ils la réduction imposée aux
créances antérieures? On a voulu soutenir que les arrérages
d'une rente viagère formaient, au fur et à mesure de leur
échéance, autant de dettes nouvelles ; d'où la conséquence
que le concordat ne pourrait pas atteindre ceux qui sont
échus depuis. Mais une telle opinion méconnaît la nature
de la rente viagère. Elle dérive d'un seul et même contrat,
et on ne peut donc pas y voir une succession de créances
séparées et distinctes La rente viagère est le droit d'exiger pendant un certain temps les intérêts d'un capital qui
n'est ni exigible de la part du créancier, ni remboursable
de la part du débiteur. Par l'effet du concordat, le crédit
rentier subit la réduction imposée à toute créance, c'est-à-
dire que la sienne qui était de 100 fr. par an, par exemple,
sera désormais réduite à 50 francs par an, si le dividende
est de 50 p. %. (Bravard-Veyrières et Demangeat, V. pag,
423 ; Renouard, *Traité des faillites*, ii, 70 ; Troplong, *des
contrats aléatoires*, p. 325).

Nous devons induire de ce qui précède qu'une créance

conditionnelle dont la condition ne se réalise qu'après le concordat, est soumise, comme toutes les autres, à la réduction. C'est là une conséquence évidente de l'art. 1179 du Cod. civ.

Le jugement d'homologation produit un autre effet important : Le failli est libéré pour toute la partie de sa créance excédant le dividende promis. Cette libération constitue-t-elle une extinction absolue ? — Evidemment non, et la preuve en est dans les incapacités civiles et commerciales dont la loi frappe le failli concordataire jusqu'à sa réhabilitation. La dette qui subsiste pour lui est plus que simplement naturelle, puisque la loi atteint le défaut de paiement par une sanction, tandis qu'elle n'en a point établi dans le cas d'obligation naturelle.

Le concordat n'opère pas novation de créance. L'ancienne subsiste avec ses accessoires, c'est-à-dire la compétence de la juridiction commerciale, le titre exécutoire, le même taux des intérêts, etc. On ne peut en effet présumer une novation en dehors de toute manifestation de volonté chez les parties. L'art. 545 exclut d'ailleurs l'idée de novation, puisqu'il déclare que le créancier du failli concordataire conserve son action pour le tout contre les coobligés de celui-ci. Dans le cas de novation, au contraire, aux termes de l'art. 1281 du Code civil, les codébiteurs sont libérés (Bravard-Veyrières et Demangeat, v, 430 ; tribunal de la Seine, 22 juin 1844, Div. 45, ii, 593 ; Alger 10 sept. 1851 ; Dev. 53, ii, 207).

L'article 545 a mis fin a une grande discussion sur la question de savoir dans quelle mesure la caution devait bénéficier de la remise faite au débiteur principal par le concordat. Les auteurs et la jurisprudence déclaraient en général qu'il fallait distinguer si le créancier avait adhéré, ou non, au concordat. S'il y avait adhéré, on appliquait l'art. 1287 du Code civil, qui libère la caution, au moins dans la mesure de la remise. S'il n'y avait pas adhéré, on considérait sa créance périe en partie comme par force majeure, et l'obligation de la caution subsistait pour le tout. Les travaux de la loi nouvelle, en 1834, établissent qu'on songeait à consacrer légalement cette solution. L'art. 545, loin de se conformer à ce projet, donne l'action dans tous les cas contre la caution et pour la totalité Cette règle est équitable et rationnelle, car une caution n'a pas d'autre but ni d'autre raison d'être que de garantir le paiement d'une dette, pour le cas où elle ne pourrait être acquittée par le débiteur lui-même. Le créancier obtient une sûreté contre l'insolvabilité éventuelle du débiteur. Pourquoi donc, quand cette insolvabilité arrive, ne pas se conformer à la loi que se sont faite les parties elle-mêmes et détruire le fruit des précautions prudentes qui ont été prises? Serait-ce parce qu'il y a eu adhésion du créancier au concordat? mais cette adhésion n'a pas été, comme dans le cas de l'art. 1287 du Code civil, parfaitement libre et libérale. Si le créancier a voté pour le concordat, c'est parce qu'il a voulu perdre ainsi le moins possible, et on ne peut faire produire à une pareille remise les effets ordinaires.

Nous venons de voir que le créancier conserve son action pour le tout contre la caution. Quand celle-ci aura payé, aura-t-elle un recours contre le failli concordataire? Sans doute personne ne dira qu'elle puisse réclamer au failli

l'entier montant de la dette qu'elle a pourtant payée. Cela
est évident; mais il faut même aller plus loin, et lui refuser
toute espèce de recours, même pour un dividende; car,
par l'effet du concordat, la situation du failli au point de
vue passif, est parfaitement établie et définie. Permettre à
la caution un recours, serait aggraver la-situation du concordataire, et le rendre, en définitive, débiteur d'un
dividende plus fort que celui qu'il a promis (*Sic.* Cujas,
in lib. IV. *Quæst. Pauli*; Pothier, *Oblig.* n° 380; — Demangeat sur Bravard-Veyrières, v, p. 438). La caution
ne pourrait pas objecter qu'on lui oppose ainsi un concordat auquel elle n'a pas pris part; car ce n'est pas le
concordat qu'on lui oppose, mais l'insolvabilité du débiteur.
Or, n'a-t-elle pas pris cette insolvabilité à sa charge
(Duranton, t XII, n° 578).

Une question des plus controversée est celle de savoir si
la remise faite par un créancier au failli concordataire est
rapportable et réductible conformément aux art. 843 et
913 du Code civil; en autres termes, si la libération consentie est à titre gratuit ou à titre onéreux? La majorité
des auteurs qui ont écrit sur le Droit civil admettent le rapport et la réduction Ils disent que par l'effet de la remise
faite par le père créancier à son fils failli, celui-ci bénéficie à titre gratuit d'une partie de sa dette. Le dispenser
du rapport serait rompre l'égalité entre ses cohéritiers et
lui, puisqu'il a profité d'un avantage qui lui a été fait au
détriment de la succession du père commun. Mais cette
argumentation résout la question par la question elle-
même; elle s'appuie sur le caractère gratuit de la remise;
or, c'est justement là le point en question, et que nous ne

saurions admettre. J'ai déjà fait remarquer que cet aban
don ne ressemblait en rien à une libéralité de la part du
créancier, puisqu'il n'était pas fait librement, spontané-
ment et dans un esprit libéral, mais au contraire dans un
esprit intéressé, afin de sauver du naufrage le plus possible. La manière dont cette remise est effectuée exclut clairement l'idée de libéralité : elle est précédée de la constation du passif et de l'actif, qui indique aux créanciers
qu'une perte est pour eux inévitable, qu'il ne s'agit plus
que de la régler, afin de la rendre la plus faible possible,
c'est-à-dire qu'ils ont, non pas à consentir une libéralité,
mais à se soumettre. L'admission du concordat par la majorité et son caractère obligatoire pour tous après l'homologation, établissent encore que c'est là une mesure d'intérêt
général pour les créanciers et même pour la société. Pour-
rait-on comprendre une libéralité qui serait ainsi imposée?

Remarquons en outre qu'en admettant même qu'il y eut
un donateur, on ne pourrait le voir que dans la masse des
créanciers qui a voté le concordat. C'est elle seule qui a
fait la remise, et non un seul des votants, dont le suffrage,
cût-il été affirmatif, n'a été qu'un des éléments du vote collectif de la majorité.

La jurisprudence distingue en général si la dette remise
partiellement provenait d'un contrat de bienfaisance, d'un
prêt sans intérêt par exemple, ou si au contraire elle provenait d'un contrat purement onéreux. Dans le premier cas,
elle admet le rapport; mais non dans le second (Cass.,
22 août 1842; 2 janv. et 17 avril 1850; Dev. 44, i, 186;
id. 50, ii, 510). Je ne crois pas cette distinction fondée,
car à quoi sert de savoir si le créancier avait mêlé au con-

trat un esprit libéral, ou, pour mieux dire, si le contrat
est plus ou moins onéreux? Dès le moment qu'il y avait
une créance, demandons-nous seulement si la remise
consentie par la majorité des créanciers peut avoir la valeur
d'une libéralité de la part de chacun des votants?

· Il était juste que la loi veillât à ce que le dividende promis aux créanciers dans le concordat, leur fut effectivement
payé. Pour assurer ce paiement, elle a frappé les immeubles du failli d'une hypothèque Aux termes de l'art 517,
cette hypothèque n'est autre que celle de l'art. 490, § 3
conservée. D'où il suit qu'elle date du jour où les syndics
ont pris inscription en vertu de ce texte. Cette disposition
de la loi sera souvent inutile puisque pendant les opérations
de la faillite, le failli ne pouvait ni aliéner ses biens ni consentir sur eux des droits de préférence (art. 443). Peu im-
portera donc le plus souvent que cette hypothèque remonte
aux premiers jours de la faillite ou qu'elle prenne date seulement aux derniers. On en aperçoit pourtant l'utilité dans
le cas de succession échue au failli pendant les opérations
de la faillite. Aux termes de l'art. 2111 du Code civil,
les créanciers héréditaires conservent sur la succession
un droit exclusif par l'inscription qu'ils prennent dans les
six mois; s'ils la prennent après ce délai, ils sont primés
par celle de l'art. 490, §3.

CHAPITRE IV.

Annulation et résolution du concordat.

L'art. 518 admet l'action en nullité du concordat dans un seul cas, celui de dol résultant soit de la dissimulation de l'actif, soit de l'exagération du passif.

Quand cette disposition de loi a été voté, on se trouvait en présence de deux opinions ; l'une voulant que l'annulation fût toujours impossible pour quelque cause que ce fût, l'autre voulant au contraire soumettre le concordat aux régles de nullité des autres contrats. La première passa dans le projet de loi et fut exprimée par un article ainsi conçu : « Aucune action en nullité de concordat pour quelque cause que ce soit, ne sera recevable après l'homologation. » On voulait par là empêcher les parties de recommencer sans cesse des procédures déjà trop longues, et les obliger à surveiller plus attentivement les formalités préparatoires et le vote du concordat. Mais la Chambre des Pairs représenta que « L'erreur et le dol vicient les contrats et annulent toutes les conventions. Lorsqu'ils existent, il n'y a point de consentement valable ; et pas de consentement, pas d'obligations... » Au milieu de ces divergences, un amendement de conciliation fut proposé et adopté ; il devint l'art. 518 dont nous avons déjà indiqué la disposition. Quand le failli s'est rendu coupable du dol prévu par cet article, les créanciers ont deux partis à prendre ; ou bien ils intentent l'action en nullité du concordat, ou bien ils attendent les poursuites du Ministère public pour banqueroute frauduleuse et se portent partie civile. La condamnation entraînera résolution du concordat.

Le tribunal de commerce qui l'a homologuée est seul compétent pour décider de la nullité. (art. 522).

C'est là une dérogation aux règles communes sur la compétence, puisqu'il ne s'agit plus ici de faillite, mais simplement de la validité d'un acte. Le tribunal civil devait donc être compétent. Mais le législateur a pensé que le tribunal de commerce qui a pu suivre toutes les opérations de la faillite était le plus apte à décider en connaissance de cause une question de fraude relative au concordat. En lui attribuant cette compétence, la loi rendait la procédure plus rapide et plus simple, puisque par un seul et même jugement, il prononcera sur la validité, et nommera un juge-commissaire et des syndics.

Les formalités accomplies, telles que l'inventaire et le bilan, subsisteront après l'annulation. Il n'y aura pas lieu à y revenir, mais il faudra les compléter. C'est pourquoi l'art. 522 porte : « Les syndics procèderont, sans retard, avec l'assistance du juge de paix, sur l'ancien inventaire, au récolement des valeurs, actions et papiers, et procèderont, s'il y a lieu, à un supplément d'inventaire. — Ils dresseront un bilan supplémentaire. — Ils feront immédiatement afficher et insérer dans les journaux à ce destinés, avec un extrait du jugement qui les nomme, invitation aux créanciers nouveaux, s'il en existe, de produire dans le délai de vingt jours, leurs titres de créances à la vérification.

Cette invitation sera faite aussi par lettres du greffier, conformément aux articles 492 et 493. »

L'annulation, quand elle se produit, trouve des droits établis et acquis depuis le concordat. Ces droits sont nés sur la foi d'un acte que chacun devait croire définitif, et ceux qui les ont acquis n'ont donc rien à se reprocher. Aussi le législateur les a-t-il entièrement respectés, voulant que les créanciers postérieurs entrassent en concours pour la totalité de leur créance avec les premiers. Ceux ci au contraire ont à se reprocher un défaut de surveillance qui a rendu possible au failli la dissimulation du chiffre exact de son passif et de son actif. Aussi le législateur leur a-t-il imposé une sorte de déchéance vis-à-vis des autres, mais seulement, remarquons-le bien, pour le cas où ils ont profité du concordat — Expliquons cette proposition : Les créanciers antérieurs ont-ils profité du concordat pour le tout, c'est-à-dire ont-ils reçu l'entier dividende promis ? ils ne pourront pas entrer en concours avec les autres ; ils doivent en effet se tenir pour satisfaits avec la loi qu'ils se sont faite à eux-mêmes. — Ont-ils profité du concordat pour partie, c'est-à-dire ont-ils reçu, par exemple, un tiers du dividende promis ? leur créance sera, dans le concours, censée éteinte dans la même proportion, c'est-à-dire pour un tiers, et ils ne pourront prendre part à la masse que pour les deux tiers, car ils doivent se tenir pour satisfaits avec la loi qu'ils se sont faite à eux-mêmes, en tant qu'ils l'ont fait exécuter à leur profit et se l'ont appliquée. — N'ont-ils profité en rien du concordat, c'est-à-dire n'ont-ils rien touché du dividende promis ? Ils prendront part au concours pour la totalité de leur créance.

Mais ces règles ne sont applicables aux créanciers antérieurs au concordat que dans leurs rapports avec les
créanciers postérieurs. C'est dans l'intérêt de ces derniers seulement que la loi restreint les prétentions des
premiers. — Dans leurs rapports avec le failli, ils pourront se prévaloir de leur entière créance, et ils ne seront
tenus d'en déduire que ce qu'ils ont déjà reçu.

Le concordat, comme tous les autres contrats, tombe
sous l'application de l'art. 1184 du Code civil. L'art. 520,
§ 2, le déclare en ces termes : « En cas d'inexécution par
le failli, des conditions de son concordat, la résolution de
ce traité pourra être poursuivie contre lui devant le tribunal de commerce. » Les mêmes motifs qui ont fait attribuer
au tribunal de commerce la compétence en matière d'annulation, devait la lui faire attribuer également en matière
de résolution.

Qui pourra poursuivre la résolution? Lors des travaux
préparatoires, la Commission de la Chambre des députés
voulait qu'un seul créancier pût la poursuivre ; celle de la
Chambre des pairs exigeait la majorité des créanciers en
nombre et en somme. Le projet portait ces mots : « *A la
requête de la majorité des créanciers tant en nombre qu'en
somme.* » Après de longues discussions et sur les conclu-
sions de M. Quesnault, rapporteur d'une commission spécialement choisie pour étudier la question, la Chambre
des pairs consentit à la suppression de cette phrase.
Ce qui indique qu'il suffit des poursuites d'un seul créancier non payé de son dividende pour faire résoudre le
concordat.

La résolution présente avec l'annulation des ressem-

blances et des différences. Elles ont cela de commun que
dans l'un et l'autre cas, le concordat n'existe plus vis-à-vis
de tous les créanciers L'effet est donc général. Tous les
créanciers rentrent dans l'intégralité de leurs droits. Cette
intégralité ne subit une atteinte que dans les rapports des
créanciers antérieurs au concordat avec les créanciers postérieurs, comme nous venons de le voir. Il semblerait tout
d'abord qu'on ne peut appliquer le 2e § de l'art. 526 au
cas de résolution, car, d'après le droit commun, la résolution, à l'inverse de l'annulation, est opposable aux tiers.
Mais la rubrique sous laquelle est placé cet article et la
rédaction des textes qui le précèdent, nous obligent à l'appliquer à un cas comme à l'autre.

Quelles sont les différences entre l'annulation et la résolution? La première résulte d'un vice concomitant au
contrat; la seconde d'un événement qui lui est postérieur.
La première libère les cautions, la seconde laisse subsister
leur obligation (art. 520, §§ 1 et 3). Cette dernière différence
est vivement critiquée par bien des auteurs. Lors de la discussion de la loi, M. Tripier disait devant la première Commission de la Chambre des Pairs : « La caution est déterminée
par le désir de rétablir le débiteur dans son commerce
et dans l'administration de ses affaires. Elle n'est obligée
que par cet acte; s'il est annulé ou résolu, il n'existe plus
de titre ni d'obligation contre elle; si les créanciers rentrent dans tous leurs droits contre le failli, il est juste
qu'elle soit affranchie de son engagement. » Ces considérations ne sont réellement pas aussi exactes qu'elles peuvent le paraître à première vue : Quel est l'objet de l'engagement pris par la caution? Désintéresser le créancier

dans le cas où le failli concordataire ne le désintéresserait pas. L'intention commune des parties est d'empêcher que le créancier ne souffre de l'insolvabilité du failli ou de son mauvais vouloir. Or, la résolution n'a lieu que parce que le failli ne peut ou ne veut payer. On se trouve donc alors justement dans le cas prévu par les parties et en vue duquel la caution s'est obligée. La libérer serait donc méconnaître l'intention même des parties. — Il n'en est plus ainsi dans le cas de nullité du concordat, car elle n'est pas prononcée parce que le failli ne tient pas ses engagements, mais parce qu'il s'est rendu coupable de dol. Or, la caution s'est obligée en vue de garantir le défaut de paiement de la part du failli et non pas afin de couvrir son dol. Elle cautionne sa solvabilité et non sa moralité. Les parties ont entendu, lors de l'engagement contracté par la caution, qu'on s'en prendrait à elle dans le cas de non-paiement, mais non dans le cas d'opérations frauduleuses du failli. Donc, afin qu'elle ne supporte pas les conséquences de ces opérations dont il serait contraire à la volonté primitive des parties de lui faire assumer la responsabilité, la loi la déclare libérée par l'annulation. Ces considérations, dont la justesse pourrait être contestée en matière civile, sont au contraire rigoureusement exactes en matière commerciale, où nous devons surtout avoir égard à la bonne foi, à l'intention des parties, à la sauvegarde des légitimes prévisions commerciales.

Il est un cas que l'art. 526. § 3, assimile avec juste raison à l'annulation et à la résolution, c'est celui de seconde faillite. Le concordat ne peut pas alors recevoir son exécution, et les créanciers reprennent l'intégralité de

leurs droits , sauf les restrictions que nous avons ci-dessus
énoncées, c'est-à-dire que vis-à-vis de la masse , ceux qui
ont reçu leur entier dividende ne peuvent rien réclamer ;
ceux qui n'en ont reçu qu'une partie , par exemple un
tiers , ne peuvent réclamer dans la masse que les deux
tiers de leur créance , et ceux qui n'ont rien reçu peuvent
se porter créanciers pour le montant intégral de leur créance.
Mais ces restrictions n'existent que dans leurs rapports
avec la masse. A l'encontre du failli , ils peuvent réclamer
tout ce qui ne leur a pas été effectivement payé.

La seconde faillite offre cette différence avec l'annulation
et la résolution que celles-ci ne peuvent être provoquées
que par les créanciers antérieurs au concordat ; la seconde
faillite au contraire ne peut l'être que par les créanciers
postérieurs. Comment la loi, en effet, dans le cas où les
créanciers antérieurs ne seraient pas payés de leur dividende , leur aurait-elle accordé deux mesures , la seconde faillite et la résolution, pour arriver au même
résultat. On doit d'autant moins leur supposer le droit
de faire déclarer le failli concordataire en seconde faillite , qu'ils auraient alors le pouvoir d'attirer sur lui une
condamnation en banqueroute simple , par application de
l'art. 586 , § 2.

La déclaration de seconde faillite libère-t-elle les cautions ? Nous nous prononçons pour la négative , vu l'analogie de ce cas avec celui de l'art 520 , § 3 , et vu les
considérations ci-dessus exposées comme appuyant la
disposition de ce texte.

POSITIONS

DROIT ROMAIN.

I. — L'exécution sur les biens seuls, indépendamment du cas de *pignoris capio* et de *sectio bonorum*, existait à Rome avant le système formulaire.

II. — Le juge compétent pour ordonner l'exécution sur l'ensemble du patrimoine est le juge de l'action, et non celui de la situation des biens.

III. — La bonne foi et l'absence de faute de la part du débiteur ne sont pas des conditions exigées pour la cession de biens.

IV. — Dans la procédure d'exécution sur l'ensemble du patri_moine, le *curator bonis datus* et le *magister bonorum vendendorum* ne sauraient être confondus Leurs fonctions présentent plusieurs différences.

V. — L'action Paulienne n'est jamais admise contre le créancier qui a reçu le paiement d'une créance exigible.

VI. — L'obligation naturelle est prescriptible.

DROIT COUTUMIER.

I. — Les chartes de concession de fief donnent l'origine du droit d'aînesse.

II. — L'effet déclaratif du partage provient de la saisine *in solidum*.

DROIT FRANCAIS.

I. — Sous le régime de la communauté, le mari peut faire valablement, avec le consentement de la femme, donation d'un immeuble commun.

II. — La femme assistée du mari peut faire institution contractuelle sur ses biens dotaux, au profit d'une personne autre que ses enfants.

III. — C'est au débiteur qui demande à être admis au bénéfice de cession à établir sa bonne foi. La mauvaise foi se présume jusqu'à preuve contraire.

IV. — Non-seulement le débiteur qui fait cession de biens peut retenir les objets déclarés insaisissables par l'art. 592 C. pr., mais même les tribunaux peuvent lui accorder quelque chose de plus à titre de secours.

V. — La constitution dotale faite par un père au profit de sa fille n'a pas même vis-à-vis du mari le caractère d'un contrat à titre onéreux. En conséquence, la révocation peut en être demandée au préjudice du mari de bonne foi par les créanciers du constituant quand elle a été faite en fraude de leurs droits.

PROCÉDURE CIVILE.

I. — Le préliminaire de conciliation n'est pas d'ordre public.

II. — L'art. 122 C. pr., n'empêche pas que le juge n'accorde des délais au débiteur quand le créancier est porteur d'un titre exécutoire autre qu'un jugement.

III. — La clause compromissoire n'est pas valable.

DROIT CRIMINEL.

I. — La banqueroute frauduleuse ou simple est un crime ou délit spécial qui ne peut être commis que par des personnes commerçantes.

II. — La déclaration de faillite est nécessaire pour qu'un commerçant puisse être poursuivi pour banqueroute.

III. — Un jugement qui relaxe le prévenu d'excitation habituelle de mineurs à la débauche, a l'autorité de la chose jugée, en ce sens que le prévenu ne pourra plus être poursuivi pour des faits de même nature antérieurs au jugement.

DROIT COMMERCIAL.

I. — La justice ne peut autoriser la femme à faire le commerce.

II. — L'annulation du concordat, en cas de condamnation pour banqueroute fraduleuse, a lieu de plein droit.

III. — La seconde faillite n'enlève pas aux créanciers de la première le bénéfice de l'hypothèque prise à leur profit conformément à l'art. 490, § 3, C. com.

IV. — Les tribunaux de commerce sont compétents pour statuer sur le privilége réclamé par un créancier dans une faillite.

DROIT ADMINISTRATIF.

I. — Les chemins vicinaux non classés sont prescriptibles.

II. — Dans le cas où un immeuble a été exproprié pour partie, l'acquéreur à titre particulier de la portion non expropriée a le droit d'exercer le privilége de rétrocession sur la première partie, lorsque celle-ci n'a pas reçu sa destination.

III. — Le tribunal correctionnel est compétent pour connaître de l'action formée contre les membres d'un Conseil municipal à raison de propos et assertions diffamatoires insérés dans une délibération de ce Conseil.

Vu :

Le Doyen de la Faculté,
Président de la Thèse,

DUFOUR.

Vu et permis d'imprimer :

Pour le Recteur empêché, l'Inspecteur
d'Académie délégué,

VIDAL-LABLACHE.

« Les visas exigés par les règlements sont une garantie des principes
» et des opinions relatifs à la religion, à l'ordre public et aux bonnes
» mœurs (statuts du 9 avril 1825, art. 11), mais non des opinions
» purement juridiques, dont la responsabilité est laissée aux candidats.
» Le candidat répondra en outre aux questions qui lui seront faites
» sur les autres matières de l'enseignement. »

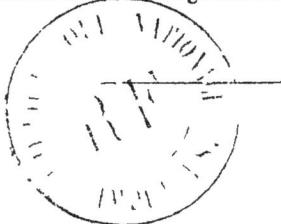

TABLE DES MATIÈRES

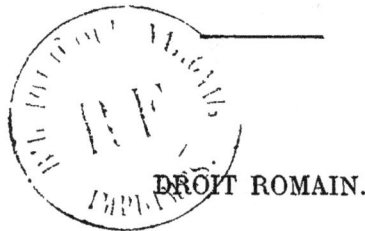

DROIT ROMAIN.

DROIT FRANÇAIS.

Toulouse, Impr. Louis & Jean-Matthieu Douladoure.

www.ingramcontent.com/pod-product-compliance
Lightning Source LLC
Chambersburg PA
CBHW071842200326
41519CB00016B/4203